웨딩 인 더 무비

영화 속 주인공처럼 특별한 나의 결혼

웨딩 인 더 무비
Wedding in the movie

정주희 지음

영화제 가는 웨딩플래너

속눈썹이 아찔하게 올라갔다. 피부 톤이 좋고 광채도 있는 게 메이크업은 마음에 든다. 헤어스타일은? 두상이 동그랗게 잘 만들어진 게 사진과 동영상에 잘 나오겠네.

드레스 가봉도 완벽하니 허리가 2인치쯤은 더 잘록해 보인다. 허리가 잘록해 보이니 드레스의 핏이 전체적으로 더 좋아졌다. 살이 좀 빠졌나? 음, 역시 턱시도는 브라운으로 하길 잘 했다. 크림색 웨딩드레스와 잘 어울리고 피부 톤과도 잘 맞는다. 일요일이니 차도 안 막힐 테고 이동 시간도 넉넉하니 오케이!

결혼식 시간에 늦지 않게 도착할 수 있겠다. 예식을 잘 치러야 할 텐데…….

참, 다음 주에 할 웨딩드레스를 고르러 가야 하는데 신상이 좀 나와 있으려나? 동영상 촬영도 오늘쯤은 확정해야 하는데…….

아, 나는 신부가 아니다. 웨딩플래너다. 나의 결혼식은 아직 해 본 적 없다. 하지만 나는 체형을 완벽하게 커버하는 드레스를 고르는데 선수고, 웨딩 스튜디오들의 동향도 꿰고 있다. 신랑 신부의 캐릭터를 잘 표현해 주고 순간적인 감정을 담아 내는 좋은 사진을 알아보는 눈도 갖고 있다. 퇴근 후 피곤에 절어서 드레스를 보러 다니던 그녀가 반짝반짝 빛나는 신부가 되어 화사하게 웃음 짓는 모습을 볼 때 전율을 느낀다. 나는 매일, 매주 더 아름답고 따뜻한 결혼식을 꿈꾸는 웨딩플래너다.

내 이야기할 때 영화 이야기를 빠뜨릴 수 없을 것 같다. 대학 시절 전공은 영화학이었다. 영화를 학문으로 배우고 경험하는 건 좋았지만 영화 스태프가 될 자신은 없었다. 우리나라 영화 현장이 쉽지 않아 겁이 나기도 했고, 영화 촬영 현장을 겪어 보니 더욱 쉬운 일이 아니었다. 하지만 영화에 대한 애정은 사그라들지 않았다. 돌이켜 보면 영화에 대한 DNA는 어렸을 때부터 있었던 것 같다.

중3 시절 외고 시험을 준비하느라 무척 바빴었다. 중3이 뭐 그리 바쁘냐고 하겠지만 외고 입성이라는 목표를 이루기 위해 손목이 뻐근해지도록 공부를 해야 했다.

  그 해 겨울, 눈이 아주 많이 내리던 어느 날의 기억이 아직도 생생하다. 영화와 공부 둘 다 포기할 수 없어 문제집과 영어 사전을 싸들고 극장에 갔다. 극장 안 조용한 복도에 쭈그리고 앉아 영어 지문을 해석했다. 가끔 고개를 들어, 솜 같이 내리는 눈을 보며 그렇게 한두 시간 기다리다가 크리스마스 시즌에 볼만한 경쾌한 소동극 같은 영화를 보고 나왔다.

  방학이 되면 평일에는 조조보다 일찍 상영하는 특회가 생겼는데 그 회는 가격이 더 저렴했다. 그래서 매일 아침마다 붉은 카펫이 깔려 있는 극장에 가서 좋은 음질로 틀어 주는 팝송을 들으며 책을 읽다가 영화를 보곤 했다.

  그때 봤던 영화들이 〈죽은 시인의 사회〉, 〈프라이드 그린 토마토〉, 〈가위손〉, 〈그린 카드〉, 그리고 19세 미만 관람 불가였지만 유난히 컸던 키와 노안을 이용해서 봤던 로맨틱 코미디 〈귀여운 여인〉 등이었다. 영화를 좋아하고, 무엇보다 극장이라는 공간 자체를 사랑했던 만큼 아마 영화 전공이 아니었다 해도 영화는 나를 단박에 매료시키기에 충분했을 것이다.

  단편영화를 만들던 대학 시절 밤을 새워 시나리오를 쓰고 편집을 하던 추억들 때문에 나에게는 작은 취미가 하나 생겼다. 바로 매년 영화제를 방문하는 것이다. 영화학도가 아니었더라도 아마 나는 매년 영화제를 찾았을 것이다.

영화제 여행을 취미로 삼으면서 깨달은 게 있다. 영화제 여행은 살면서 꼭 체험해 볼 만한, 버킷리스트에 넣어야 하는 일이라는 것을.

부천판타스틱영화제는 아시아 최고의 장르 영화제로, 개봉작으로 접하기 어려운 판타스틱 영화들이나 기발하고 재기발랄한 단편, 독립 영화를 만나기에 좋다. 서울에서 가깝기 때문에 여행이 아니어도 어렵지 않게 방문할 수 있다. PiFan이라는 영화제 이름을 '비 판'이라 바꿔 부를 정도로 매년 영화제 기간 동안 많은 비가 내리지만, 하루 종일 서너 편의 장르 영화를 보고 부천의 뒷골목에서 삼겹살을 구워 먹으며 친구들과 영화를 안주 삼아 수다 떠는 맛은 그 무엇에도 비길 수 없다.

영화제 이야기를 하면 부산국제영화제(BIFF)를 빼놓을 수 없다. 부산국제영화제의 첫 회는 남포동에 있는 영화의 거리에서 개최되어 몇 년 동안 유지되었다. 그때는 좁다란 남포동 거리 극장에서 전투적으로 영화를 보고 나서(영화 상영 간격이 빡빡했던 터라 햄버거를 먹고 뛰면서 다음 극장으로 옮겨 가곤 했다) 밤이 되면 남포동 거리에 풀썩 앉아 맥주 한 캔 마시며 영화 얘기를 나눴었다. 그러다가 옆 무리의 학생들(그 당시 영화제에 오는 사람들은 거의 영화과 학생들 아니면 자원봉사자들이었다)과 합석해서 영화

이야기를 하고 통성명을 하던 낭만이 있었다.

그 시절에 〈중경삼림〉과 〈타락천사〉 등이 공전의 히트를 기록하며 왕가위 감독의 인기가 천정부지로 치솟았다. 왕가위 감독의 영화 중에 우리나라에서 처참히 흥행 참패를 했으나 왕가위 감독의 팬들은 최고로 꼽는 작품이 있는데 바로 그 이름도 찬란한 〈아비정전〉이다. 마니아들의 열성적인 성원에 힘입어 제2회 부산국제영화제에서 〈아비정전〉을 다시 상영한다는 소식을 듣고 득달같이 달려가서 봤다.

그때 처음으로 영화제에서 영화를 보는 진정한 재미를 알게 되었다. 영화제에 오는 사람들은 그저 데이트로 시간을 때우기 위해서, 혹은 딱히 할 일도 없는데 영화나 보자는 사람들이 아니다. 진정으로 영화를 사랑하고 존경하는 사람들이다. 그래서 관객이 단 두세 명일지라도 함께 호흡하고 공감하면서 볼 수 있다. 나와 같은 마음으로 이 공간에 있는 사람들이 다 같이 숨죽여 영화를 즐기는 짜릿함이란 말로 표현할 수 없다.

그 이후 부산국제영화제는 해운대로 근거지를 옮겼다(물론 남포동에서도 하고 있기는 하지만). 해운대 달맞이 고개……. 이름처럼 야경이 정말 아름다운 곳이다.

부산국제영화제가 열리는 해운대에서는 배우들이 옆자리에서 식사를 하고 감독들이 뒷자리에 앉아 맥주를 마신다. 그러나 그런 것들은 하나도 중요하지 않다. 가을의 해운대와 부산국제영화제는 그 자체만으로 천국이니까.

　영화와 영화제를 떠올리다 보니 이야기가 길어졌다. 어쨌든 나는 영화제를 다니는 웨딩플래너. 영화 속에 나오는 따라하고 싶은 결혼식 이모저모에 대해 열변을 토하는 책을 만들게 된 이유는 이 정도면 충분하지 않을까 싶다. 이미 상업 영화가 주를 이루고, 영화 산업이 시작 되었지만, 나에게 영화는 여전히 낭만이고 청춘이다.

　이제 가정을 꾸리기 시작하는, 결혼이 현실이고 잘 해내고 싶은 과제인 예비 신랑 신부들에게 이렇게 말하고 싶다.

　연애하고 사랑해서 남은 하루하루를 함께 손잡고 보내려고 시작하는 게 결혼이라고. 결혼은 현실이고, 무거운 과제라는 생각은 잠시 접어 두고 이제부터 결혼을 청춘으로 생각해 보자고.
　내일 아침 날이 밝으면 다시 현실이 될지라도 이 책을 읽는 순간 만큼은 조금 더 낭만적인 결혼을 생각해 보자고…….

2012년 5월
영화제 가는 웨딩플래너
정주희

Contents

prolog
영화제 가는 웨딩플래너 · 4

결혼 전 알아야 할 다섯 가지 이야기

결혼은 즐거워야 한다 · 16
3시간이 아닌, 30년 후를 위한 고민과 선택 · 23
결혼은 선택의 전쟁 집중만이 살길이다! · 34
싸우니까 결혼이다 · 43
영화 속 주인공이 되어라 · 54

시네 드 마리아주 *Cine de Mariage*

해리가 샐리를 만났을 때_ 프러포즈
나와 결혼해 줄래, 나랑 평생 함께 살래 • 69
당신과 나의 마법이 시작되는 순간 • 77
99%의 진심과 1%의 준비 • 81
영화 속 이색 프러포즈 Best 3 • 86

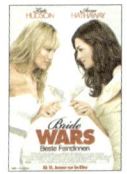

신부들의 전쟁_ 브라이덜 샤워
여자들의 우정은 뭔가 다르다, 브라이덜 샤워 • 89
신부를 위한 최고의 파티 • 95
적은 돈으로 행복해지는 브라이덜 샤워 • 101

500일의 섬머_ 원거리 결혼식
틀에 박힌 예식장 결혼이 싫은 그대, 떠나라! • 109
아름다운 풍경 속에서 사랑의 맹세를 • 118
원거리 결혼식의 준비부터 마무리까지 • 124

레이첼, 결혼하다_ 하우스 웨딩
내 스타일대로 결혼식을 디렉팅하다 • 133
뻔하고 진부한 예식장 결혼이 싫은 당신에게 • 141
결혼식을 스타일링하자 나만의 하우스 웨딩 만들기 • 145

러브 액츄얼리_축하 연주
결혼식을 드라마틱하게 만드는 비밀, 축가 • 155
결혼식의 미친 존재감, 축가 • 160
음악으로 만드는 결혼식, 축하 연주 준비의 모든 것 • 164
결혼식장을 녹이는 축가 Best 20 • 174

섹스 앤 더 시티_웨딩드레스
내 생애 최고의 날, 나를 변신시켜 주는 잇드레스 • 181
절대 포기할 수 없는 단 하나, 나만의 드레스 • 191
나를 위한 아주 특별한 선물 명품 웨딩드레스 • 194
영화 속 웨딩드레스 Best 3 • 204
도전! 영화 속 웨딩드레스 • 206

맘마미아_웨딩 헤어
비바람에도 끄떡없는 떡진 머리? 오, 맘마 미아! • 209
웨딩 헤어의 틀 깨부수기 • 219

티파니에서 아침을_웨딩링
100년의 가치를 지닌 서약의 증표 • 229
반지를 수갑으로 만드는 여자, 반지를 행복으로 만드는 여자 • 234
웨딩링의 참뜻을 기억하라 • 239
스타들의 결혼반지 Best 4 • 242

대부_혼주 패션

결혼식의 또 다른 주인공, 혼주 • 245
결혼식의 완성은 혼주 패션으로 끝난다 • 252
우리 아빠를 돈 코르네오네처럼 • 255

우리 방금 결혼했어요_허니문

달콤하고 짜릿한 단 한 번의 여행 • 263
허니문어드벤처 • 272
허니문 떠나기 좋은 나라별 축제 Best 9 • 278

최종병기 활_전통 혼례

고풍스러운 멋과 의미를 담은 특별한 결혼식 • 283
판박이 예식이 싫다면 • 290
고풍스러운 추억 만들기 • 304

리얼100% Q&A

시시콜콜 다 말하는 결혼 준비의 모든 것 • 310

추천사 • 316

그와 나를 생각하고,
끊임없는 선택을 하고,
때로는 달콤 살벌해야 하는 결혼.
두근두근 설레는 나만의 결혼식을 만들다.

결혼 전 알아야 할 다섯 가지 이야기

결혼은
즐거워야 한다

 절친한 지인이 지방으로 결혼식을 다녀온 후 신이 나서 얘기를 했다. 지방에서는 아직도 구민 회관 등에서 결혼식을 많이 하는데 지인이 갔던 곳도 그랬던 모양이다. 짧은 결혼식이 끝나고 앞마당에 나와서 막걸리에 푸짐한 먹을거리를 먹으며 밤이 깊도록 흥겹게 잔치를 벌였다고 했다. 할 수만 있다면 본인의 결혼식도 그렇게 편안히 앉아서 즐거운 잔치를 벌이고 싶다고 했다.
 그런 소망이 비단 그 지인의 것이기만 할까? 드라마에서나 나오는 정략결혼이 아니라면 나의 결혼식이 지극히 형식적으로 한두 시간 만에,

마치 국회 날치기 법안 통과되듯 치러지기를 바라는 사람은 아무도 없을 것이다.

　우리 고유의 결혼, 전통 혼례를 생각해 보자. 어린 시절 〈전설의 고향〉이라는 드라마를 좋아해 몰래 자는 척하면서 봤던 기억이 난다. 기억나는 장면 중에 하나는 바로 혼인 장면이었다. 연지 곤지 찍은 신부와 사모관대를 한 신랑이 혼인을 하는 동안 집안 곳곳에서 음식을 지지고 부치며 웃음꽃을 피웠다. 첫날밤 장면을 보기 위해 마을 사람들이 창호지로 된 문에 구멍을 내어 몰래 보다가 우당탕 문을 쓰러뜨리는 장면은 단골 레퍼토리였던 것 같다. 때로는 짓궂지만 즐겁고 경쾌한 모습이 우리 민족의 혼례장면이다. 그야말로 짝 이룸 잔치가 아닐까?

　결혼식은 잔치다. 새신랑, 새색시가 되어서 서로 위하고 부모님께 효도하고 아이 잘 키우고 사회에 도움이 되는 어른으로 살겠다는 기특한 인사를 하는 자리다. 그 인사를 받은 혼주들과 신랑 신부를 아끼고 사랑하는 친구와 지인들이 축하 인사를 건넨다.
　"아이구 예쁘다, 장하다, 축하한다, 잘 살아라!"
　웃음과 축하를 아끼지 않는 '잔치', 그것이 결혼의 참 의미인 것 같다.

결혼은 즐거워야 한다

 벌써 오래 전의 일이다. 당시 웨딩 동영상 업체를 운영하고 있을 때였다. 직접 촬영을 나갔을 때였는데. 결혼식에서 신부가 2부 인사를 드리기 위해 한복으로 갈아입었다. 신부는 한복 치마저고리 위에 당의(저고리 위에 덧입는 한복)를 입었다. 곱게 한복을 차려입고 신랑 신부와 양가 부모님이 함께 자리를 돌면서 감사 인사를 할 때였다.

 인사를 드리는 중간중간에 시어머님이 자꾸 무어라 중얼거리는 소리가 들렸다. 당시 나는 가까이에서 동영상을 찍고 있었기 때문에 시어머님의 말씀을 알아들을 수 있었는데 그건 꾸중이었다. 신부가 당의를 입었으면서 첩지(머리 위를 꾸미는 장식품)를 하지 않을 수가 있느냐, 우리 집안을 어떻게 보고 준비를 이렇게 소홀히 했느냐 하면서 계속 꾸지람을 하셨던 것.

 신부는 처음 하는 결혼식인지라 한복을 차려입은 것도, 사람들 앞에 선 것도 처음일 텐데 당황스럽기 그지없었을 것이다.

 하지만 시어머님의 잔소리는 끝날 줄 몰랐다. 인사를 마치고 폐백실에 와서도 시어머님은 신부를 크게 나무라셨고, 친척들이 오고 나서야 비로소 자애롭게 덕담을 하시고 폐백을 받으셨다. 신부는 잔뜩 언 표정으로 폐백을 마칠 수밖에 없었다.

 그 이후 예식장 폐백 도우미께서 신랑에게 제안을 했다.

 "요샌 친정 부모님들도 인사 받으시는데 신부 부모님 모셔서 인사 올

결혼은, 결혼식은 즐거워야 한다

리세요, 신랑님."

　신랑이 장인 장모를 자리로 모셨다. 그런데 친정 부모님이 나타나자마자 가엾은 신부는 참았던 울음보가 터져 대성통곡을 하는 것이 아닌가. 신부가 정신을 못 차리며 울어 재끼자 시어머님께서 당황하시면서 말씀하셨다.

　"얘가 왜 이러니, 누가 보면 내가 구박한 줄 알겠네……."

　결국 시어머님은 신부의 눈물을 직접 닦아 주며 달래셨다.

　당시엔 나도 어리고, 초년생이라 그 광경이 충격적이었다. 어찌나 신부가 가엾던지……. 이런 마음은 나만 느꼈던 게 아니었던 것 같다. 그 자리에 계시던 하객과 친지, 친정 부모님들, 중간에 낀 신랑까지 굉장히 곤란해 했으니까.

　언젠가 결혼식장에서 신랑의 절친한 친구가 사회를 보면서 행진을 하는 신랑 신부를 축하해 주자며 하객들에게 이렇게 말했다.

　"하객 분들은 모두 자리에서 일어나 진심을 담아서 기립 박수를 쳐 주십시오."

　그러자 부모님께서는 여기 오신 분들이 어떤 분들이신데 건방지게 일어나라마라 하냐며 노발대발 하신 적 있었다.

　어느 커플은 하우스 웨딩 스타일로 결혼식을 올린 적이 있었다. 결혼식장의 전체 데코를 새로 하면서 뭔가 참신한 결혼식을 만들려고 노력했던 커플이었다. 그 결혼식을 총체적으로 디렉팅하면서 당시엔 하우스 웨딩이 정착하지 않았던 터라 여러 가지 부족한 부분도 많았었다. 워낙 완벽하게 결혼식을 올리려는 욕심이 있었던 신부는 대여 받은 폐백 의상 끝자락에 먼지라도 묻을까, 꽃 장식에 들어간 꽃잎이 행여라도 떨어질까 예민하게 신경 쓰느라 환하게 웃지를 못했었다. 결국 지나치게 신경을 많이 쓰느라 피곤에 쌓인 신부의 모습을 보니 내 마음도 편치 않았다.

완벽한 결혼식을 꿈꾸다 보니 부케 끝자락에도 흠집 하나 없기를 바라는 예민한 신부들이 종종 눈에 띈다. 하지만 그런 예민함을 잠시 내려놓고 햇살처럼 환하게 웃는다면 진정한 주인공으로 더욱 빛날 것이다.

상담을 하다 보면 고매한 집안 분위기에 맞도록 결혼식을 어떻게 준비해야 할지 고민하시는 어머님들을 많이 보게 된다. 하지만 뭐든 과하면 안 된다고 하지 않는가. 결혼식은 가정의 큰 행사지만, 축하 받고자 만든 자리인 만큼 좀 편안한들 크게 문제가 생기겠는가.

유쾌한 결혼식은 모두를 즐겁게 만든다. 한 번은 극장에서 일본인 신랑과 한국인 신부의 국제 결혼식을 만들어 드렸는데, 그때 신랑이 중간에 옷을 갈아입고 나와 가라데(일본 무술) 시범을 몸소 보이며(대단한 실력이 아니었다는 것이 관전 포인트) 하객들의 웃음을 자아냈다. 깔깔대며 웃어대던 하객들은 진심을 담아서 큰 목소리로 인사를 건넸다.

"오메데토!おめでとう!(축하해!)"

웃음과 진심이 담긴 축하 덕분에 결혼식은 흥겨운 잔치가 되었다.

완벽한 결혼식도 좋지만, '완벽하게 즐거운' 결혼식이라면 어떨까? 사람이 즐거울 때, 사람이 웃을 때 나오는 엔도르핀이 얼마나 좋은 기운을 만들어 내는지 우리는 잘 알고 있다. 진심으로 사랑하고 아끼는 사람의 결혼식을 보러 가는 마음이나, 모두의 앞에서 축하를 받고자 잔치를 벌이는 마음 모두 좀 더 행복해질 필요가 있다.
결혼은, 결혼식은 즐거워야 한다.

3시간이 아닌,
30년 후를 위한 고민과 선택

인생보다 알 수 없는 게 바로, 사람

 내 청춘을 흔들어 놓은 영화로 꼽는 1994년 작, 〈청춘스케치〉를 보면 위노나 라이더의 청춘이 보인다. 그때 당시의 위노나는 청순하면서 도발적이고, 허당이면서도 지적인, 빛이 나는 여배우였다. 할리우드의 요정이라 불리고 할리우드에서 가장 사귀고 싶은 여배우 1위였던 위노나는 10년 뒤, 점점 쇠락의 길을 걷다가 쇼핑몰에서 물건을 훔쳐 걸리는 지경에까지 이른다. 안정된 가정을 꾸리지 못했으며, 그렇다고 연애를 꾸준히 하는 것 같지도 않다. 꾸준히 작품 활동을 하고는 있지만, 두각을 나타내지도 못하고 있다.

내 청춘의 인상 깊었던 영화 속 주인공이라 위노나 라이더를 눈여겨 볼 수밖에 없는데, 참으로 안타깝다.

재작년에 〈블랙스완〉에서는 딱 자신의 상황과 같은 술에 절어 지내는 왕년의 프리마돈나 역할을 했었다. 1990년대 할리우드의 위노나에게 이런 일이 있을 것이라고 누가 상상이나 했을까? 사람들은 지금의 위노나를 소위 한물간 퇴물 배우라고 말한다. 하지만 그런 위노나가 다른 작품을 통해서 얼마나 더 나은 모습을 보여 줄지, 앞으로 어떤 인생을 살아갈지는 아무도 알 수 없는 일이다.

비단 위노나뿐만이 아니다. 다른 영화감독과 배우도 다들 한때의 전성기가 있게 마련이다. 현재 전성기를 누리고 있는 유명 인사들도 10년 후에 어찌 될지는 그 누구도 장담할 수 없다는 말이다. 그렇다면 다른 이들은 어떠할까? 우리들도 마찬가지다.

예를 들어 직장을 잘 다니고 있을 때에 그 사람을 봤다면 평생 그런 안정된 모습이겠거니 하겠지만, 사람의 인생은 어느 순간 어떻게 달라질지 모르는 것 아닌가. 알 수 없는 게 인생이고 더욱더 알 수 없는 게 바로, 사람이다.

신랑감 체크리스트–쇼핑할 때의 꼼꼼함으로 남자를 쇼핑하라

자, 지금부터 친구의 결혼식에 갔다고 생각해 보자. 거기에서 봤던 신랑이 잘 생기고 키 크고 직업 좋고 화목한 가정 환경까지 다 좋아 보여서 너무너무 부러웠다고 치자. 그래서 덩달아 내 남자친구의 작은 키와 조각 같지 않은 외모가 부끄러워 이 사람과의 결혼은 안 되겠다고 생각할 수도 있을 것이다. 물론 그에 대한 애정이 크지 않아서 그렇게 생각해 버리는 것일 수도 있겠지만, 다른 신랑들과의 비교로써 생각할 일은 절대 아니라는 것이다.

실제로 많은 싱글남녀들이 그, 그녀의 현재 상황에 너무 많은 점수를 할애하고 있다. 지금까지 벌어 둔 돈, 현재의 직업, 현재의 외모, 현재의 성품 등등. 이런 것은 다음과 같이 바꾸어 생각해 봐야 한다.

첫째, 벌어 둔 돈?

돈이라는 것은 언제 어떻게 사라질지 모르는 것이다. 따라서 상대가 현재 가지고 있는 돈의 액수보다는 어떤 방식으로 돈을 벌었는지가 훨씬 중요하다. 정확히 말하자면 돈을 어떻게 쓰는지, 어떻게 모았는지를 살펴봐야 한다는 것이다. 또한 돈이 남아야 저축을 하는 스타일인지, 쓸 돈을 줄여서라도 저축을 하는 스타일인지 살펴봐야 한다.

경제 상황과 수입은 언제 어떻게 달라질지 모른다. 수입이란 것은 늘어날 수도 있고 줄어들 수도 있다. 수입이 줄어드는 것은 당연히 문제겠지만, 늘어나는 것 또한 문제다. 사람이 갑자기 수입이 늘어났을 때 어떤 행동의 변화를 일으키는지는 상당히 중요한 부분이다. 무명시절 부부의 연을 맺은 배우가 소위 뜨고 난 후, 조강지처를 버리고 다른 배우와 재혼하

사람의 인생은 어느 순간 어떻게 달라질지 모르는 것
알 수 없는 게 인생이고 더욱더 알 수 없는 게 바로, 사람이다.

는 일들을 많이 보지 않았는가? 만약 상대가 지금까지 신통치 못한 수입과 지출 관리를 하고 있다면 본인 스스로 문제점을 깨닫고 고치기 위해 노력이라도 하고 있어야만 한다. 언제나 반성과 깨달음은 성공을 가져다주는 법이니까.

둘째, 현재의 직업?

직업이라는 것은 언제든 바뀔 수 있는 것이다. 직업은 수입과 직결되기 때문에 당연히 눈여겨보게 되고, 장래성이 얼마나 있는지 살펴보게 마련이다. 당연히 그래야 하겠지만, 의사조차도 평생 수입이 보장된 직업이 아니라는 점을 명심해야 한다. 잘못 걸려든 의료사고 한 건으로 한번에 '훅' 갈 수도 있다는 말이다.

굳이 이런 비약이 아니더라도 우리 주변을 보면 "내가 왕년에는……."으로 시작하는 넋두리를 하는 중년이 많지 않은가? 현재의 직업이 좋더라도 그 직업을 대하는 자세와 일을 즐기는 정도, 일을 하면서도 체력 같은 자기 관리를 잘 하는지 등을 살펴봐야 한다.

셋째, 현재의 외모?

평균수명이 늘어났다. 징글징글하게도 이제 우리는 100살까지 살게 될지도 모른다. 최근 추가된 내 꿈 중에 한 가지도 70대의 비비안 웨스트우드 할머니나 패티김 여사처럼 섹시한 스타일과 왕성한 활동을 하고 싶다는 것이다. 노력만하면 진정 70대에도 건강하고 활력 넘치게 활동하는 것이 가능할 것 같다.

현재는 전후 시대가 아니어서 먹을 것이 차고도 넘친다. 물자의 풍요로움 속에서 본인의 절제 없이는 살찌고 주름진 중년이 되는 것은 시간문제. 노년기는 더 말할 것도 없다.

중년의 얼굴은 본인이 만든다고 했던가? 어떤 생각을 하고 어떻게 생활하는지에 따라 미래의 모습이 결정된다. 젊음을 유지한 몸매로 세련된 스타일을 지켜 나간다면 지금의 초라한 외모는 사라질 것이다. 오히려 지금 멋졌던 누군가가 살찌고 배 나오고 칙칙해지는 동안, 피부와 몸매를 잘 관리한다면 10년 뒤에는 상황을 역전시킬 수 있을 것이다.

넷째, 현재의 성품?

지금 나에게 잘 해 주는 것은 일단 제쳐 두자. 만약에 나를 꼬시기 위해 잘 맞는 척하면서 함께하는 것이라면 과연 얼마나 오래 갈까? 성당에 다니지 않던 사람이 연인 때문에 성당을 다니는 것까지는 좋지만, 지금 당장 왈가왈부하기 싫어서 일단 그냥 맞춰 주고 보는 사람이라면? 전시회는 따분하다고 생각하는 사람이 상대를 위해 맘에도 없는 전시회를 따라다니고 있다면?

일부러 싸움이라도 걸어 봐야 한다. 그래야 진짜 서로가 원하는 점을 정확히 알 수 있다. 후에 양보하고 배려해야 한다고 할지라도 꼭 한 번은 겪고 넘어가야 할 일이다.

또한 다툼에 대처하는 그 사람의 태도도 매우 중요시 여길 부분 중 하나다. 보통의 연인들이 비슷한 이유로 다투는 일이 많고, 서로의 자존심 때문에 헤어지는 경우도 많기 때문이다. 사랑에 있어서만큼은 자존심을 버리고, 먼저 화해의 손길을 내밀어 주는 사람이면 좋지 않겠는가.

'그 사람'을 내 사람으로 받아들이기 위하여

이런 이야기들이 왜 필요하냐. 인생 최대의 쇼핑과 최고가의 여행을 계획하면서 설레는 몇 개월과 짧은 3시간의 결혼식에 대한 고민 말고, 평생을 한 집에서 아침저녁으로 얼굴을 마주할 그 사람이 괜찮을지 고민과 관찰이 필요하다는 것이다. 단 몇 줄로 써 버리면 끝나는 스펙이나 현재의 잔고 따위 말고, 그 사람의 됨됨이나 내게 집중하고 공감하려는 태도, 전성기를 40대나 50대 이후라도 언제든 맞을 수 있는 자기관리와 개발, 반성과 깨달음 후의 실천 같은 것들을 봐야 한다는 말이다.

단순히 그 사람과 먹고 놀고 즐기려고 만나는 것이 되어서는 안 된다. 지치고 짜증날 때, 힘들고 피곤할 때도 함께해야 하고 서로 위로될 수 있는 존재여야만 한다.

봄바람이 살랑살랑 부는 날 동네 어귀 커피숍에서 커피 한 잔 마시고 싶거나, 추적추적 비가 내리는 날 파전에 동동주 한 사발 들이키고 싶은 순간 가장 먼저 생각나는 사람이 '그 사람'이어야 한다. 나아가 결혼 후에 다른 사람이 눈에 들어오더라도 내 사람인 '그 사람'에게만 집중할 수 있어야 한다. 인생은 학벌, 직업, 통장 잔고 따위가 아니라 하루하루, 오늘내일, 아침저녁과 같은 소소한 순간순간들이기 때문이다. 행복해지려거든 귀찮아하지 말고 그 사람에 대해 더 깊이 들여다보아라.

지금 당신이 거절한 현재의 볼 것 없는 그 사람. 만약 당신이 그 사람을 선택했더라면 저녁에 손잡고 공원을 산책하는 알콩달콩한 노부부가 되었을지도 모를 일이다. 3시간의 짧은 결혼식보다 함께 생활하는 30년 후의 하루하루가 훨씬 중요하다는 것, 즉 결혼식이 아닌 결혼 생활이 중요하다는 것을 명심하면서 상대의 어떤 점을 중요하게 봐야 하는지 고민해 볼 필요가 있다. 한 치 앞도 알 수 없는 것이 인생이기 때문에 변치 않는 것은 진부할지도 모르지만 '성품'뿐이다.

'나' 들여다보기

더 깊이 살펴봐야 하는 것은 사실, 그 사람이 아니고 '나'이다. 내 마음, 내가 진정으로 원하는 것이 무엇인지를 집중해서 봐야만 한다. 내가 진정으로 원하는 결혼 생활이 무엇인지, 그 사람과 함께하는 하루하루의 일상이 어떠했으면 좋겠는지 등을 생각해 봐야 한다.

지치고 짜증날 때, 힘들고 피곤할 때도 함께해야 하고
서로 위로될 수 있는 존재여야만 한다

보통 결혼 적령기의 예비 신랑, 신부들은 결혼식장에서 하객들이 내 짝을 보며 뭐라고 말할지에 대해서만 상상하고 고민한다. 지인들이 내 짝에 대해 말할 한두 마디에 너무 신경을 쓴다는 소리다. 그런데 내가 진심으로 원하는 것이 다른 사람들에게 "의사 남편 부럽다!"라는 말을 듣는 것뿐일까? 이런 소리만 들으면 다른 부분은 어떠해도 넘어갈 수 있는 걸까?

우리 부모님께 잘하고, 자기 직업에 충실하고, 내 이야기를 귀담아듣는 사람이어야 한다는 것. 혹은 퇴근 후에 함께 산책을 하면서 나를 웃게 해 줄 수 있는 유머가 있고, 좋아하는 음식과 영화 장르가 몇 개쯤은 같아야 하고, 휴일에 집에서 뒹굴기보다는 여행을 같이 떠날 수 있는 사람이어야 한다는 것 등등. 그것이 무엇이든 스스로 무엇을 원하는지 정확하고 신중하게 알아내야 한다.

결혼하고 싶은 그 사람에 대한 나의 로망과 결혼 생활에 대한 나의 로망을 적어 보자. 리스트는 세세할수록 더욱 좋다. 지금 바로 수첩과 펜을 꺼내서 찬찬히 적어 내려가라. 커피 한 잔과 함께.

만약 내 스스로가 내 힘으로 똑바로 잘 서서 살아갈 수 있으며, 배우자에게 기대어 내 경제적 상황이나 환경이 더 나아지길 바라는 것이 아니라면 사실 누구를 만나도 괜찮다. 그 사람의 부족한 부분을 내가 채워줄 수도 있는 것 아니겠는가? 불완전한 두 사람이 만나서 완전한 하나가 되기 위해 결혼을 하는 것이기 때문이다.

나에게 완벽한 사람과 결혼하기 위해 이것저것 재기보다는 나를 통해 상대방이 완벽해질 수 있도록 서로 노력하는 것이 결혼에 있어 가장 중요할지도 모른다. **톱니바퀴가 맞물려 움직이듯 서로에게 잘 맞는 상대가 최고인 것이다. 단, 톱니바퀴가 평생 잘 굴러가기 위해서 서로 배려하고 서로 노력해야 하겠지만.**

결혼은 선택의 전쟁
집중만이 살길이다!

　이 책을 쓰면서 다양한 생각을 마주하게 된다. 집필을 하면서 웨딩플래너 일에 대한 전환점을 맞이하고 있다면 너무 거창한 걸까. 글을 쓰기 위해 영화 속 아름다운 결혼과 커플들을 찾아보는 일이 새삼 색다르게 다가온다. 수많은 커플을 만나고 결혼 준비 과정과 결혼식을 지켜봐 왔지만, 영화 속 결혼식 이모저모를 찾아보는 일은 또다른 가치관을 심어 주었다.

　시대를 넘나드는 영화들을 살펴보면서 우리나라의 웨딩 업계를 돌아보게 된다. 웨딩플래너로 일한 지 어느덧 10년. 짧지 않은 시간 동안 웨딩 트렌드도 참 많이 바뀌었다. 그만큼 신랑 신부들의 워너비 리스트도 다양해지고, 여느 전문가 못지않다. 그러다보니 원하는 것에 비해 할 수 있는 것들이 한정적이라는 사실에 실망하고, 신랑 신부끼리 다툼이 끊이지 않는 것도 사실. 아무래도 결혼식이라는 것 자체에 대한 전반적인 플랜이나 견적을 처음부터 생각하지 못해서인 듯하다.

결혼식은 큰 그림을 그려야 한다. 나름 설계인 셈이다. 대부분 예쁘게 하고 싶다, 독특하게 하고 싶다는 생각뿐이지 어떤 짜임으로 꼼꼼히 잘 준비해야 한다는 점은 간과하고 준비에 돌입한다.

지금 이글을 읽는 분 중에 이렇게 생각하고 있다면, 눈을 크게 뜨고 지금부터 하는 이야기에 집중해 달라 부탁하고 싶다. 잘 한 결혼식과 엉성한 결혼식의 차이점이 무엇인지 알 수 있을 것이다.

스드메, 진화하다

10년 전과 비교했을 때 가장 크게 두드러진 변화는 웨딩 패키지. 흔히 요새 신부들이 말하는 스드메(스튜디오 촬영, 드레스, 메이크업을 묶어 부르는 웨딩 신조어)의 질적 향상을 꼽을 수 있겠다.

1980년대쯤 웨딩 촬영 혹은 야외 촬영이라는 이름으로 처음 웨딩 촬영을 하기 시작했는데, 이때는 결혼식을 준비하는 신부의 욕구에 주목했다. 1990년대 후반부터는 웨딩 촬영과 메이크업, 드레스 3종 세트가 결혼 전에 당연히 해야 하는 것처럼 인식되면서 웨딩 패키지라는 개념이 자리 잡기 시작했다. 인기 있는 스튜디오가 하나둘 생기고 웨딩 컨설팅 업체,

예쁘게, 독특한 결혼식만 꿈꾸기보다
나를 표현해 줄 수 있는 결혼식을 설계해 보는 것은 어떨까

웨딩플래너들이 생겨나 활동하기 시작한 시기도 모두 이때쯤이라고 생각하면 된다.

웨딩 컨설팅 업체의 흥망성쇠는 다양하다. 초창기 인기를 기반으로 굳건히 자리매김하고 있는 업체가 있는가 하면, 엄청난 인기몰이를 했지만 현재는 사라진 곳들도 있다. 재미있는 것은 10년 전에 가장 보편적인 견적대가 250만 원 안팎이었는데 현재에도 선호하는 견적대가 250만 원 안팎이라는 것이다. 물론 300만 원이 넘어가는 견적이나 7, 8천만 원대 견적처럼 품질에만 집중하는 웨딩 패키지도 많이 선택하지만 말이다.

스튜디오의 경우 서로 경쟁이 치열해지다 보니 사진에 대한 투자는 어마어마하게 늘어나는데 반해 촬영 가격은 올리지 못하는 실정이다. 그래서 예전에는 없었던 직업들이 생겨났는데, 스튜디오에서 신부들의 사진을 찍으면 그 신부 사진의 보정만을 담당하는 디자이너들이 대표적인 예다. 또한 규모가 있는 스튜디오에서는 복잡한 스케줄을 관리해야 하기 때문에 따로 스케줄링을 체계적으로 관리하는 매니저 팀도 생겨 났다.

웨딩 촬영 스튜디오 중에서도 고를 때는 '내 취향에 맞는 앨범 스타일'을 만들어 줄 수 있는 곳인지를 고려해야 한다. 요즘에는 각 컨설팅 업체나 웨딩 전문 사이트 등에서 배경, 콘셉트, 분위기, 촬영 기법별로 스튜디오를 구분해 정보를 제공한다. 조금만 더 시간을 투자하면 마음에 드는 샘플과 스튜디오를 찾을 수 있다.

드레스의 경우도 마찬가지로 소재나 액세서리, 바느질 상태, 패턴 등의 만듦새에서 퀄리티가 훌륭해졌다. 웨딩 전문 매체가 많아짐에 따라 화보가 정말 중요해져서 드레스숍의 운영비 등은 더 올랐지만 가격은 크게 올리지 못하는 숍들이 많다.

서울 청담 쪽에는 수입 드레스숍이 많이 들어서면서 신부들의 수입 드레스 붐이 시작되기도 했다. 예전에는 엄청난 고가였던 숍의 드레스들을 좀 더 친근한 가격에 만날 수 있다는 점도 빼놓을 수 없는 변화다. 한복이나 예물도 인터넷이라는 오픈된 매체 때문에 바가지 없이 알차게 준비할 수 있다.

메이크업은 그야말로 눈부신 발전을 한 부분이라 할 수 있다. 우선 고가 화장품과 저가 화장품 간의 품질 편차가 줄어 가격이 일부 가벼워졌다.

메이크업숍은 입소문을 타고 유명해지는 숍, 연예인 마케팅으로 유명해진 숍들이 신부들 사이에서 오르내리며 무척 많아졌다. 신부들의 고민을 상담해 주는 전담 부서도 늘어나고 있어 선택의 어려움을 덜고 있다.

요즘은 '예비 신랑 신부, 즉 웨딩 소비자들의 전성시대'라고 할 수 있다. 상품, 서비스의 품질이 높아졌고 알짜배기 정보를 제공하는 웨딩 컨설팅 업체와 웨딩플래너가 많아졌다. 안목 있는 웨딩플래너의 안내에 따라 저렴한 가격으로 좋은 상품을 고른다면 충분히 만족할 수 있을 것이다.

결혼식도 다이어트가 필요하다

　결혼 준비는 '선택과 집중'이라는 두 가지 화두를 가지고 준비해야 한다. 더 잘하고 싶은 것에 집중하고 포기할 것은 과감히 포기해 버리라는 것이다(모든 것을 하면서 만족도도 높이고 싶다면 예산을 넉넉히 쓰는 것만이 방법이다).

　좋은 웨딩 컨설팅 업체, 웨딩플래너를 고르는 것도 결국에는 신랑 신부의 몫이다. 예를 들면 가격과 사은품만이 메리트인 웨딩 컨설팅 업체에서 사은품(보통 액자, 미니 드레스 등이다)을 받고 10만 원 더 저렴하게 진행하는 것과 도산 위험이 없는 안정된 회사에서 오랜 경력과 안목 있는 웨딩플래너에게 좋은 것을 추천 받고 고민을 해결하며 진행하는 것 중, 어떤 것을 선택하고 싶은가? 한 번의 현명한 선택이 실속 있는 결혼식을 만든다는 점을 반드시 기억하길 바란다.

　이제는 결혼 준비도 스마트해지고 있다. 똑똑한 신부들은 선택과 집중을 한다.

　요즘에는 웨딩 촬영을 과감히 생략하고 본식에만 치중하는 신부들이 많아지고 있다. 웨딩 촬영은 하지 않는 대신 본식 사진과 동영상을 최상으로 만드는 게 추세다. 최고급 드레스를 입고 완벽한 헤어, 메이크업을 한 아름다운 모습을 영원히 남기되, 현명하게 하겠다는 것이다. 또한 예단과 폐백, 이바지 등을 생략하고 여기서 절약한 돈을 신혼집 인테리어 시공비에 투자하는 경우가 많다.

이외에도 선택과 집중의 좋은 예로 한복 입을 일이 적은 신랑은 한복을 구입하는 대신 대여를 하고, 신부는 고급 한복집에서 80만 원 정도를 들여서 한복을 맞추는 것을 들 수 있다(보통 신부 한복은 50만 원에서 60만 원대 사이에서 진행한다). 예물을 고를 때 진주 세트나 패션 세트 대신 고급 다이아몬드 반지에 예산을 추가하는 경우 역시, 선택과 집중의 좋은 예라고 할 수 있다. 이렇게 내가 원하는 것을 찾아 그것에만 집중하면 결혼식에 대한 만족도를 높일 수 있다.

결혼에서 가장 중요한 선택은 무엇일까

결혼은 선택 그 자체라 해도 반론이 없을 만큼 선택의 연속인데, 수많은 선택 중에 가장 중요한 것은 배우자에 대한 선택이다. 너무 당연한 이야기일지도 모르겠다. 하지만 배우자 선택은 그 어떤 선택보다 신중해야 한다.

주변에 가족, 부모님과의 관계에 문제가 있는 사람들을 본 적이 있는

결혼은 선택 그 자체라 해도 반론이 없을 만큼 선택의 연속인데,
수많은 선택 중에 가장 중요한 것은 배우자에 대한 선택이다.

가? 경제적인 이유보다는 성격이 문제가 되는 경우가 대부분이라는 것을 알 수 있을 것이다. 하지만 우리의 어머니, 아버지가 결혼할 때 아무 고민 없이 서로를 선택했을까? 번듯한 직장에 다니고 집도 있고 하니 나를 굶기진 않겠다 싶어 결혼한 경우가 대부분일 터. 이런 경우에는 성격이 맞지 않으면 가정이 평생 시끄럽다.

화목하지 않은 부부의 자녀들이 얼마나 힘든 유년 시절을 보내야 하는지, 그것을 극복하기 위해 얼마나 많은 에너지를 써야 하는지 부모님은 모를 것이다. 어디 그 뿐인가. 유년 시절의 상처가 아물지 못한 사람 중 몇몇은 연애를 하거나 이성을 만나 결혼을 준비할 때 많은 고초를 겪기도 한다. 지금 내가 어떤 배우자를 선택해서 가정을 이루는가는 내 아이에게 직접적으로 영향을 미치고, 아이가 자라서 만나게 될 여러 사람의 인생에도 영향을 미친다는 것을 알아야 한다.

결혼의 선택과 집중에 대해서 어느 정도 감을 잡았다면, 그리고 싱글들이 로맨틱한 결혼에 대한 상상을 하면서 사랑을 시작할 수 있다면 그보다 더 보람찬 일은 없을 것이다.

다시 한번 말하지만 결혼은 선택이다. 좋은 드레스를 선택하는 것도, 좋은 배우자를 선택하는 것도 모두 본인에게 달려 있다. 결혼은 좋지만 결혼 준비는 두려운 그대여, 선택의 전쟁에서 당당하게 승리하라!

싸우니까 결혼이다

환상 속의 그대

  죽어가던 연애 세포를 깨워 정말 오랜만에 연애를 하는 사람이 있다. 그 사람이 연애를 하다가 이별의 위기를 맞아 관계를 끝낼 때쯤 이런 넋두리를 한다.
  "나는 그 사람을 사랑한 게 아니라 연애하는 감정을, 사랑이라는 감정 자체를 좋아했나 봐."
  연애를 하다 보면 누구나 범할 수 있는 오류지만 얼마나 어리석은가. 이런 후회는 비단 연애뿐만이 아니다. 결혼도 마찬가지다.
  결혼 준비 기간 동안 겪는 갈등을 살펴보면 근본적으로 시작이 잘못된 경우가 많다. 결혼을 한다는 기쁨에 취해 자신이 꿈꾸던 결혼의 이미지에 배우자를 억지로 끼워 맞추려고 하다가 서로 어긋나게 되는 것이다.

결혼 적령기가 점차 늦어지면서 결혼과 배우자에 대한 생각이 관대한 여자들을 종종 보게 된다. 그녀들은 오랫동안 기다려 온 만큼 정말 잡음 없이 깔끔한 결혼식을 올릴 것이라고, 무엇이든 상대에게 맞춰 줄 것이라고 다짐한다. 하지만 자세히 들여다보면 그 말이 꼭 완벽하게 실행되지는 않는다. 결혼은 시기가 중요한 것이 아니다.

친구의 웨딩 촬영장에 따라다니면서 별것 아닌 것들을 부러워하는 분들이 있다. 드라마나 예능에서 보는 커플들의 애정 넘치는 표현들을 자연스럽게 '학습'하면서 나도 저렇게 결혼하고 싶다는 상상에 빠지기도 한다. 하지만 '환상 속의 그대'와 '현실 속의 그'에게는 차이가 있다. 그래서 상대방의 행동이 자신의 기대에 어긋나거나, 상대에게서 자신이 예상했던 반응이 나오지 않으면 큰일이라도 난 것처럼 속상해 하고 좌절한다.

자꾸만 실망스러운 그

그를 백마 탄 왕자님이라 상상했다가 '백마'를 타지 않았다는 이유로 실망하는 그녀. 이러한 행동들이 왜 생기는 것일까? 이유는 딱 하나다. '자신의 입장'에서만 생각하기 때문이다. 내가 결혼에 대한 로망이 있는 것처럼 상대도 자신이 꿈꾸는 로망이 있다. 내가 주변에서 다양한 조언을 듣는 만큼 상대도 여러 이야기를 듣는다. 하지만 몇몇 여성들을 보면 서로가 들은 얘기가 완전히 반대일 수 있다는 것에 대한 개념이 전혀 없는 경우가 많다.

예를 들어 신부는 먼저 결혼한 친구에게 이런 조언을 듣는다.

"드레스 보러 갈 때는 꼭 신랑과 같이 가도록 해. 그래야 드레스숍에서 신랑과 너의 조화를 보고 더 어울리는 걸 권해 주거든."

반면 신랑은 이렇게 들었다고 주장한다.

"드레스 보는 횟수가 많으니까 처음에 드레스숍 투어 할 때는 가지 말고, 최종적으로 드레스를 고를 때 함께 가서 보는 게 더 좋대."

이런 상황이라면 신부가 드레스숍 투어 때 신랑과 같이 가고 싶다고 해도 신랑은 안 간다고 할 수 있다. 특별히 불량한 신랑이 아니어도 말이다. 하지만 몇몇 신부들은 드레스를 골라 주지 않는 신랑에게 실망한다.

"결혼식 할 때 드레스가 얼마나 중요한데 그렇게 나 몰라라 할 수 있어? 그런 사람이 세상에 어디 있니?"라면서 말이다. 이런 경우는 신부가 다른 신랑들도 대부분 그렇다는 사실을 잘 모르는 경우라 할 수 있다.

물론 드레스를 소재별로 열심히 체크하면서 잘 봐 주는 신랑도 예전보다 많아졌지만 대다수의 신랑은 드레스를 잘 모른다. 큰 관심도 없다. 그들의 눈에 드레스는 다 비슷해 보이고 예뻐 보일 것이다. 이런 신랑에게 드레스가 얼마나 예쁜지 장황하게 설명하는 것은 '소 귀에 경 읽기'나 다름없다.

무엇이든 생각하기 나름이다. 드레스 같이 보러 가는 일에 대해 어떤 신부는 심각한 문제로 여기지만, 어떤 신부는 "그럴 수도 있지, 오히려 편해. 내 맘대로 하면 되잖아."라며 더 좋게 받아들이기도 한다.

치료법은 '역지사지'

이외에도 신랑과 신부의 의견 차이 때문에 발생하는 문제는 많다. 신부는 이런 조언을 듣는다.

"시어머니와 의사소통에 문제가 있을 때는 신랑의 역할이 정말 중요해. 그러니 네가 원하는 바를 신랑에게 잘 얘기하고 시어머니에게 눈치껏 얘기를 전달하게 해."

반면 신랑은 괜히 둘 사이에서 뭐 좀 해 보려다가 말 한마디 잘못 전달하면 오해만 생기니 조용히 빠져 있는 게 낫다고 여긴다.

같은 문제를 놓고 신랑과 신부는 이렇게 다르게 생각한다. 크고 작은 다툼은 결국 상대의 입장을 생각해 보지 않아서 생기는 일이다.

곰곰이 생각해 보자. 결혼을 왜 할까? 기본적으로 나를 위한 것이다. 결혼이라는 것은 내가 사랑하는 사람과 함께 살기 위해, 사랑하는 사람과 평생 헤어지고 싶지 않아서, 또 나의 노후가 외롭지 않고 행복하길 원하기 때문이다.

나를 위한 것이자 사랑하는 그 사람과 함께하기 위해 하는 것이 결혼이다. 아무리 결혼이 내 자신을 위해서라고 해도 이쯤 되면 상대에 대한 진지한 고찰이 필요하다. 상대방에 대한 이해와 배려는 결혼 결심보다 앞서야 한다.

결혼 준비 때 가장 필요한 것은 마음 준비

결혼을 준비할 때 가장 집중해야 할 것은 사람이다. 내가 사랑하는 이와 그의 가족들, 새로 생기는 가족들 때문에 이런저런 갈등을 겪고 있을지도 모를 나의 가족들. 그렇다면 내가 갖고 있는 결혼에 대한 로망을 다 포기해야 할까? 그렇지 않다.

결혼 준비를 하면서 생기는 크고 작은 다툼은 아직 서로를 잘 모르기 때문에 생기는 것이다. 일면식 없는 사람들을 팔로우 하고 대화를 나누며 일상을 공유할 만큼 소통이 대세인 시대다. 신랑과 신부는 시간을 쪼개가며 소셜 네트워크 서비스(SNS)를 할 필요가 없다. 그저 온 마음을 다해 소통하면 된다.

내 생각엔 저 사람이 지금 예스라고 말해야 할 것 같은데 아무 말을 안 한다면 이야기를 하자. 금방 화내고 포기하지 말고 내가 왜 그렇게 하고 싶은지, 혹은 내가 왜 그렇게 못하는지, 그가 다른 얘기를 하면 또 왜 그렇

그와의 마찰이나 서로 다른 의견을 갖는 것을 두려워하지 말자.
그는 나와 평생을 함께 할 사람이고,
내 아이의 아빠가 될 사람인데 갈등이 왜 없겠는가?

게 얘기했는지 깊게 생각하고 설득해야 한다.

그러다가 그의 말이 그럴 듯하면 설득 당해도 좋다. 내가 왜 설득 당해야 하냐고? 결혼에서 가장 중요한 건 배우자다. 배우자가 없다면 결혼은 성립될 수 없기 때문이다.

그 사람 마음의 평화, 우리 둘의 사랑, 서로에 대한 배려, 내가 못 받은 것보다 내가 못해 준 것에 집중해서 생각해 봐야 한다. 사려 깊게 이야기 나누면서 서로의 마음을 보려고 노력해야 한다.

그와 이야기를 나눠도 어렵게 꼬인다면 만사 다 제쳐 두고 1박 2일 여행을 한번 가 보자. 여행에서는 즐거운 마음이 극대화 되지 않는가? 가서 맛있는 고기 잔뜩 배부르게 먹고(더 긍정적으로) 둘만의 오붓한 시간을 가지는 것도 하나의 방법.

소주 한 잔 하면서 마음의 문을 열고 차분히 이야기를 나눠 보는 것은 어떨까. 그게 왜 갈등이었지 싶게 아무 일도 아닌 것처럼 풀릴 수도 있다.

그와의 마찰이나 서로 다른 의견을 갖는 것을 두려워하지 말자. 그는 나와 평생을 함께 할 사람이고, 내 아이의 아빠가 될 사람인데 갈등이 왜 없겠는가? 살다 보면 서로 다른 의견 때문에 고민하게 될 것이라는 생각을 단단히 하고, 갈등이 생겼을 때 극복하고 해결하는 법을 배우자. 결혼 준비는 갈등을 극복하는 방법을 배우는 첫 번째 단계다. 이렇게 생각하면 갈등에 대한 괴로움이 조금씩 사라질 것이다.

이제 퇴근하고 집에 가면 그 사람이 있다. 우리 관계가 안 좋게 끝나면 어쩌나, 다른 사람과 눈이 맞으면 또 어떡하나 하는 불안함 없이 영원히 함께할 수 있다. 봄 햇살이 눈부신 아침, 무더운 여름밤, 단풍지는 가을, 첫눈 오는 겨울을 함께 즐길 수 있다. 설레지 않나? 그 설렘을 결혼 준비 기간 내내 자꾸 꺼내 보자. 다른 무엇보다 더 많이, 진심으로.

세상사람 누구나 똑같이 말하는 것이 있다. 결혼을 잘 하는 것보다 잘 사는 게 진짜 중요하다고. 이 조언을 마음에 아로새기고, 무슨 일이든 서로 상의하고, 이해하려고 노력해야 한다.

정 포기가 안 된다면 화부터 내지 말고 일단 어르고 달래 보자. 그래도 안 되면 조르고 필살 애교를 떨어서 상대의 마음을 사르르 녹여야 한다. 이렇게 공을 들이다 보면 서로에 대한 신뢰가 생긴다. 상대방을 믿고, 더 이해하려는 마음이 생긴다면 결혼 준비하면서 다소 갈등이 있더라도 서로에게 상처를 주는 불상사는 없을 것이라고 장담한다.

연애를 해 본 사람이라면 알 것이다. 연애 초반에는 마냥 좋고 행복해 한다. 그러다 한 번 대판 다투고 나서 펑펑 울고 마음 아파하며 속 끓이다 가 딱! 화해하는 순간 사랑이 커지면서 깊어지는 짜릿함이 있지 않나? 결혼 준비를 하면서 다툴 수 있겠지만 위의 기본 원칙들만 잘 지켜 낸다면 짜릿함을 느끼며 성장하는 커플이 될 수 있을 것이다.

결혼, 즐기는 만큼 행복하다

결혼은 의무가 아니다. 초등학교 입학처럼 누구나 꼭 해야 하는 일이 아니라, 개인의 선택으로 이루어지는 일이다. 서른이 넘기 전에는 해야 한다? 그렇지 않다. 요즘 신부들의 평균 결혼 연령대는 서른두세 살이다. 서른네댓 살도 심각하게 늦었다고 생각하지 않는다. 평균 수명이 늘어나는 시대인데 조급할 게 뭐가 있나. 여유롭게 생각하는 게 좋다. "올해 안에는 꼭 결혼을 해야 할 텐데……."라며 결혼을 과제처럼 생각할 필요가 전혀 없다.

30대 후반의 많은(초초한) 싱글 여성들에게 훌륭한 본보기가 되어 준 '고소영 언니'를 떠올려 보지. 서른아홉의 나이에 결혼하면서도 아름답게 빛나지 않았는가. 출산 후에도 고혹적인 미모 또한 변함이 없다. 송윤아 언니, 이영애 언니 모두 마찬가지다. 그러니 반짝반짝 빛이 나는, 매력이 철철 넘치는 30대를 즐기기를 바란다.

20대가 아직 자신의 진정한 매력을 찾지 못한 시기라면 30대는 다르다. 연예인들은 연예인이니까 그런 거라고? 연예인이라서 더 하는 건 자기 관리뿐이다. 한 달에 몇백만 원 하는 헬스클럽이나 피부 관리실을 다닐 수는 없지만, 그보다 덜 비싼 헬스클럽에 다니거나 한 달에 한두 번 피부 관리를 받을 수 있지 않은가!(심지어 그들은 뙤약볕 아래에서 촬영하고 마흔여덟 시간 밤샘 촬영을 한다. 규칙적인 생활을 하지 못해 생활의 리듬이 깨지며, 모공을 막는 무대 화장도 거의 매일 한다)

톱스타처럼 개인 트레이너를 고용할 수는 없어도 근무 중 졸릴 때를 틈타 건강 관리, 몸매 관리 책에 나오는 체조 한두 동작은 따라 할 수 있다. 그러니 연예인이니까 그렇다는 말 따위는 집어치우고 지금 당장 운동하자(동호회도 가입하고).

가정 주부, 아이 엄마가 되기 전에 나만의 시간을 즐기라고 당부하고 싶다. 결혼에 얽매이지 말고 즐겁게 연애하고 일하는 기쁨을 맛보기를 권한다.

밝은 생각, 긍정적인 사람은 덜 늙는다. 주름도 적고 머릿결도 좋다. 라인과 탄력도 남다르다. 축 처져 있는 사람들과는 비교가 안 된다. 그러니 초조해 하지 말고, 움츠러들지 말라는 말을 꼭 하고 싶다.

제때 운동하고, 음식을 가려 먹는 것이 중요하다. 푹 쉬고, 많이 웃으며 즐겁게 놀다 보면 점점 더 아름다워지는 자신을 볼 수 있을 것이다. 그 아름다움으로 인생 절정의 청춘을 즐기길 바란다. 그렇게 즐기다 결혼을 하게 되면 숨 막히는 갈등 따윈 없을 것이다.

아직 결혼 하지 않은 20대 이상의 싱글 남녀들, 그리고 결혼 준비하면서 겪는 갈등(이해하려는 마음 하나면 다 풀릴 수 있다는 걸 모르는)에 대해서 두려워하고 있는 예비 신랑 신부들이여, 모두 다 쫄지 마! 진짜!

영화 속
주인공이 되어라

정보의 홍수라고 해도 과언이 아닌 시대다. 방송이나 신문, 잡지뿐만 아니라 일반인들의 사생활을 들여다 볼 수 있는 유튜브(YouTube)나 소셜 네트워크 서비스(SNS)등 다양한 매체에서 쏟아지는 정보 덕분에 우리는 그야말로 정보의 바다 속에서 헤엄칠 수 있다. 인터넷이 없고 상대적으로 매체도 적었던 시절에는 입소문이 전부였다. 아는 선후배, 친구들이 하는 말이 곧 정보였다.

하지만 지금은 영화, 드라마, 광고, 화보 등에서 나오는 것들 중 따라 하고 싶은 게 어마어마하게 많다. 그 중 하나는 결혼식! 영화나 드라마 속 따라 하고 싶은 결혼식이 무척 많아졌다. 예비 신랑 신부들은 그저 두루

뭉술하게 '내 결혼식은 어느 영화처럼 했으면 좋겠다'라기보다는 '웨딩드레스는 어떤 영화에서 나온 그 드레스, 음악은 어느 영화 속 어느 장면에서 나온 음악으로 해야지'라고 세심하게 생각해야 한다.

결혼식이란 다양한 요소를 포함하고 있기 때문에 일단 욕심을 내면 어느 하나도 소홀히 할 수 없다. 왜냐고? 결혼식은 평생 단 한 번이기 때문이다!

드레스숍에서 종종 신부 어머니들과 이야기를 하게 된다. 친정어머니들이 직접 딸의 웨딩드레스를 함께 고르기 위해 드레스숍에 오시기 때문이다. 기다리는 동안 나는 그분들께 이것저것 여쭤 본다.

"결혼하실 때 어떤 드레스 입으셨는지 기억나세요?"

어머니의 80% 정도는 기억이 나지 않는다고 하신다. 그냥 예식장에서 입으라는 드레스를 입었다고. 대부분 그런 식이다. 30년 전의 신부는 욕심이 없고, 요즘의 신부는 욕심이 많아서 드레스에 심혈을 기울이며 완벽을 기하는 것일까? 그렇지 않다.

경제 불황이 계속되고 가계 부채가 계속 오르고 있다고는 하지만 결혼을 바라보는 시각은 예전과 다르다. 예전처럼 '결혼식을 하는 것 자체에 목적을 두거나, 싸게 하면 좋은 거야'라는 생각이 사라지고 있다. 요새 신랑 신부들은 저마다 어릴 적부터 꿈꿔 온 결혼에 대한 로망을 현실에서 합리적으로 이루고 싶어 한다.

　우리나라도 과거에는 집안에서 결혼식을 올렸다. 흥겨운 잔치 분위기 속에서. 그런데 '전쟁을 겪으면서 경제적 어려움이 극심하다 보니 서로 품앗이 하는 마음으로 결혼식에 참석하는 분위기가 생겨났다. 하객 수는 최대한 늘리고, 부담해야 하는 결혼식 비용은 최소로 저렴하고 빠르게 결혼식을 해치워 버리는 의식이 자리잡으면서 '예식장'이라는 곳이 탄생했다.

　합리적이고 효율적인 방법이긴 하지만 우리 고유의 '잔치 같은 결혼식' 분위기는 퇴색되었다. 눈 깜짝할 사이에 결혼식이 끝나고 하객들의 대다수는 잘 모르는 사람들이다(신부는 엄마가 아는 사람일 것이라 생각하고, 혼주는 신랑이 아는 사람이겠거니 한다). 주례사는 떠드는 하객들 소리 때문에 거의 묻힌다. 예식은 제대로 보지도 않고 축의금 내고 바로 밥 먹으러 가는 하객들로 가득한 결혼식. 말 그대로 '시장통 같은 결혼식 문화'가 정착했다.

　엄마 아빠를 따라서 여러 예식장 결혼식에 한두 번 가 보고 크게 실망했던 젊은 신랑 신부들은 '내 결혼식은 그렇게 하지 않을 거야'라고 생각할 수밖에 없을 것이다. 그래서 더욱 독특하고 남다른 결혼식을 원하는 추세가 되어 가는지도 모르겠다.

결혼식도 스타일이다

2000년대 초반만 하더라도 결혼식 구성보다 예산에 대한 문의가 더 많았다. 하지만 결혼 적령기가 늦어지고 30대 중반 신랑 신부가 자연스럽게 느껴질 만큼의 시기가 되자 예산도 중요하지만 예식 간격이나 예식장 분위기, 식사의 메뉴를 더 고려하기 시작했다.

드레스나 헤어, 메이크업도 만족도나 퀄리티에 대한 부분을 충족시킬 수 있다면 기꺼이 추가 비용을 지불하려는 신부도 늘어났다. 이러한 시류를 타면서 수입 드레스숍들이 크게 성공해서 안정적으로 자리를 잡았다.

1990년 말에서 2000년대 초반만 해도 연예인의 결혼식, 연예인 신부의 스타일링이 그렇게 조명 받지 않았다. 그리고 여자 연예인들 같은 경우 조용히 치르는 경우가 많았다.

그러다 연예인 스타일링으로 이슈가 된 최초의 신부가 바로 배우 고현정. 고현정의 드레스는 내가 한참 웨딩플래너 일을 배우던 2000년대 초반에서 중반까지 웨딩드레스숍에서 자주 거론되며 많은 신부들이 입고 싶어 했던 드레스였다. 단아함과 기품 있는 드레스에 어울리는 헤어스타일도 오랫동안 기억에 남아서 회자되었다.

연예인 결혼식을 이야기할 때 빠질 수 없는 사람이 있다. 화려한 결혼식, 수입 웨딩드레스, 자기만의 색깔이 있는 신부 스타일링으로 큰 화제가 되었던 배우 김남주. 특히 웨딩 촬영 할 때의 사진에는 짧은 단발머리에 웨이브를 주어 평소의 김남주 스타일을 그대로 살렸다. '공주같이 화려하고 풍성한 드레스가 신부의 드레스'라고 생각하던 시대에 김남주는 남들과 다른 감각을 선보였다.

고급스러운 광택이 있는 새틴 실크로 보디 라인을 살려 주고 가슴 앞 라인이 깊게 파진 김남주의 웨딩드레스는 현재까지도 웨딩드레스 스타일에 한 획을 긋는 베라 왕 작품이다.

베라 왕의 이 드레스는 아예 '김남주 드레스'라고 불리며 불과 몇 년 전까지 많은 드레스숍에서 손쉽게 카피본을 찾을 수 있었다. 뿐만 아니라, 김남주의 웨딩드레스가 히트를 치면서 연예인들 사이에서는 '슬림하고 심플한 드레스가 예쁘다'라는 트렌드가 생기기도 했다.

그 이후로 결혼하는 연예인들의 스타일링을 각종 매체에서 앞 다투어 보여 줬고, 연예인에게 협찬해서 큰 수익을 맛본 웨딩 업계에서는 연예인을 고객으로 유치하기 위한 결혼 협찬 붐이 일어났다.

연예인 신부 중 개인적으로 가장 기억에 남는 신부는 배우 김민이다. 그녀 역시 베라 왕의 타프타 실크로 비딩 장식 없이 깨끗한 튜브 톱 드레스를 입었다. 돋보이는 부분은 비단 드레스만이 아니었다. 당시에는 웨딩 헤어를 스프레이와 왁스로 단단히 업시키거나, 반 묶음 머리를 하더라도 과하게 웨이브를 넣어 고정하는 게 유행이었다.

하지만 김민은 달랐다. 별다른 고정 없이 반만 묶어 자연스레 흘러내리는 헤어스타일을 선택했고 그 자태는 가히 단정하면서도 청순하고 아름다웠다. 귀걸이와 목걸이도 많이 화려하지 않았고, 깔끔한 카라 부케에 장식과 레이스 비딩이 전혀 없는 무지 베일을 했다. 그것도 티아라 없이. 절제된 아름다움이 돋보이는 헤어스타일부터 드레스, 메이크업, 액세서리, 부케까지 완벽한 스타일링을 보여줬다.

그녀가 확실히 트렌드 세터라고 느끼는 건 그녀의 결혼식 이후 신부들의 웨딩 스타일링에 영향을 주었기 때문이다. 결혼식 때 입었던 그녀의 드레스 라인은 세미 머메이드 라인인데, 힙 아래 골반 정도까지는 슬림하게 몸에 밀착되어 내려오다가 아래로 갈수록 볼륨감이 생기는 라인으로 디자인은 지금까지 신부들에게 사랑받고 있다.

고현정에서 김남주, 김민의 결혼식으로 넘어오면서 다음과 같은 고정관념이 깨지기 시작했다.

"웨딩드레스는 화려해야 해."
"웨딩드레스는 반짝여야지."
"웨딩드레스는 무조건 풍성해야지."
"웨딩드레스 입을 때는 꼭 왕관을 쓸 거야."
"웨딩 베일은 반짝거리게 써야 초라하지 않아."

웨딩드레스 스타일링은 '나'에게 어울리게, '나'를 돋보이게,
'나'의 콘셉트를 세우고 그 콘셉트에 맞춰 진행하는 것이 가장 중요하다.

이런 고정관념들이 서서히 사라졌다. 고정관념이 깨지는 것은 반가운 일이지만 반대로 다른 선입견이 생기기도 했다. 신부의 몸매에 맞는 드레스를 찾기보다는 무조건 대세를 따라야 한다는 분위기가 생긴 것이다.

"호텔에서는 무조건 슬림한 라인을 입어야 해요. 슬림한 라인이 고급스럽거든요."라는 식으로 말이다.

이렇게 말도 안 되는 조언을 하는 전문가들도 있었다. 호텔은 슬림한 라인, 예식장은 풍성한 라인이라니. 정말 엉터리 조언이 따로 없다. 호텔에서 결혼하는 신부는 심플한 라인의 드레스를 입어야 하고, 로맨틱하고 사랑스러운 스타일은 촌스럽다는 선입견이 둥둥 떠다닐 무렵 로맨틱하면서도 세련될 수 있다는 것을 보여 준, 정말 인형 같은 신부가 등장했다.

웨딩 스타일링의 역사를 새로 쓴 그녀, 멋지다

그 인형 같은 신부는 가수 타블로의 그녀, 배우 강혜정이다. 그녀는 흔한 웨딩 헤어(헤어를 과하게 부풀리거나 구부리는 스타일)를 하지 않았다. 깔끔한 단발머리에 베일을 쓰지 않고 나비같이 크고 투명한 헤어 코르사주를 과감하게 매치해서 그 당시 신부들과 웨딩 업계 모두에게 신선한 충격을 주었다.

강혜정의 드레스는 엘리자베스 필모어 작품으로 우리나라 신부들이 베라 왕 이외의 해외 디자이너들에 눈을 뜨게 되는 계기가 되었다. 그 이후로 히아신스 부케도 큰 인기를 끌었다. 마찬가지로 강혜정도 드레스에 몸과 얼굴과 머리를 맡긴 것 같은 느낌이 아닌, 편안하면서 자연스러운 스타일로 자신의 귀엽고 인형 같은 장점을 십분 살렸다. 웨딩 촬영을 할 때마다 빠지지 않고 등장하는 코르사주 붐을 일으킨 것도 빼놓을 수 없겠다.

강혜정은 '세련된 신부가 되고 싶다면, 호텔에서 예식을 올린다면 로맨틱한 스타일보다 심플한 스타일로 해야 한다'는 말도 안 되는 공식을 확실하게 봉인 해제 시켜 버렸다.

웨딩 업계에서는 강혜정의 파격적인 웨딩 스타일링을 두고 '강혜정 쇼크'라고 말한다. 작은 키, 마른 몸매 때문에 웨딩드레스가 잘 어울릴 거라고 예상하지 못했던 사람들이 대부분이었다. 그래서 강혜정 쇼크가 더욱 신선하게 다가왔던 것 같다.

나에 의한, 나를 위한 웨딩

다시 한번 말하자면 웨딩드레스 스타일링은 '나'에게 어울리게, '나'를 돋보이게, '나'의 콘셉트를 세우고 그 콘셉트에 맞춰 진행하는 것이 가장 중요하다.

여자 연예인들의 결혼식이 웨딩 스타일링에 자극을 주면서 신부들의 눈높이도 올라갔다. '드레스나 헤어가 다 거기서 거기가 아니다'라는 개념이 생겨나면서 일반인의 수입 웨딩드레스 이용이 자연스럽게 급증했다. 한때 주춤했던 고가의 웨딩 패키지도 붐을 이루게 되었다. 여러 매체에서 나오는 개성 있는 신부들을 보며 '나도 저 사람처럼 독특하게 하고 싶다'는 욕구가 강하게 된 것이다.

'꿈의 웨딩'은 더 이상 상상 속에만 머무는 게 아니라고 생각하는 신랑 신부들이 많아졌다. 그래서 결혼식에 필요한 하나하나를 꼼꼼히 검색하고 계획하고 실현한다. 위에서는 드레스와 신부 스타일링에 국한해서 설명했지만 웨딩의 전 분야에서 그런 붐이 일고 있는 것이 사실이다.

하객을 줄이더라도 카페나 교외에서 결혼하려는 신랑 신부가 늘고 있고, 신랑도 드레스숍에서 빌려 입은 티가 나는 턱시도는 입지 않으려고 한다. 예물 반지도 남들 하는 대로 따라하지 않으며, 특별한 프러포즈에 공을 들인다. 영화에서 드라마에서 봤던 멋진 장면들을 내 인생에 더욱 특별히 반영하고 싶어 하는 예비 신랑 신부들이 많아졌다.

영화 속 결혼을 꿈꾸는 신랑 신부에게

결혼을 꿈꾸는 신랑 신부들은 영화 속 결혼을 실현하고 싶어 한다. "야외 결혼식은 어디서 할 수 있어요? 하우스 웨딩이 뭐예요?"라며 예식 형식이나 스타일링 등 모든 것을 특별하게 하려고 하는 것이다.

영화 〈러브 액츄얼리〉 이후에 결혼식 축하 연주에 대한 질문과 관심이 어마어마하게 늘어났고, 최근 인기 있는 빈티지 웨딩에 대한 관심과 내추럴한 헤어 스타일링에 대한 문의들도 많아졌다.

연예인 결혼식이나 드라마, 영화를 보면서 신랑 신부가 꿈꾸는 것은 하나일 것이다.
"나만의 특별하고 완벽한 결혼식을 하고 싶다."
"영화같이 결혼하고 싶다!"

이런 욕구 때문에 요즘 유행하는 것이 고급 본식 스냅 사진과 동영상 촬영이다. 사진, 드레스, 메이크업을 하는데 260만 원을 지불하는 신부가 본식 스냅과 동영상에 200만 원 이상을 더 투자해서 '완벽한 작품'을 남기려고 하는 것이다. 더 많은 돈을 내더라도 잊지 못할 순간을 영원히 기록하고 싶어 하는 마음이리라.

이제 영화의 매력적인 신부처럼 되고 싶다면 얼마든지 될 수 있는 시대가 왔다. 결혼 준비를 신부 혼자 한다면 어려울 수 있겠지만 수많은 매체에서 쏟아지는 정보가 있고 전문 웨딩플래너들이 있으니 언제든지 도움을 받을 수 있다.

무엇보다 이 책의 곳곳에서는 "내가 어떻게 해. 영화니까 가능한 거지."라고 지래 겁먹고 포기하지 않게끔 실질적인 정보를 주며 멋진 결혼식의 하우투를 공개하려고 한다.

  아직은 결혼 계획이 없는 독자라도 '영화처럼 결혼할 수 있겠구나' 하고 말이다. 이 책을 덮을 때쯤 두근두근 설레고 있는 당신의 모습을 기대한다.

영화를 보다.
결혼을 꿈꾸다.
영화 속 결혼을 상상하다.
상상의 결혼식이 현실이 되다.

시네 드 마리아주
Cine de Mariage

해리가 샐리를 만났을 때
When Harry Met Sally

프러포즈

Propose

나와 결혼해 줄래, 나랑 평생 함께 살래

해리가 샐리를 만났을 때
When Harry Met Sally, 1989

    달콤한 로맨틱 코미디 영화에서 절대 빠지지 않는 마지막 장면은 바로 프러포즈. 희대의 명장면도 참 많다.
    가장 감동적인 장면을 꼽으라면 너무나도 사랑스러운 영화 〈러브 액츄얼리〉의 '스케치북 프러포즈' 신이 아닐까. 친구의 아내를 향한 마음을 들켜 버린 마크는 처음이자 마지막으로 그녀에게 고백을 한다. 스케치북을 넘기며 진실한 눈빛으로 마음을 전하는 마크를 보며 어찌나 마음이 두근댔던지. 어느 누가 친구의 아내를 사랑한 그에게 손가락질을 할 수 있겠는가.

결국 프러포즈는 '진심'인 것이다. 누가 하든, 누구에게 하든, 어디서 하든지 그 순간에 온 마음을 다한다면 그것만으로도 충분히 의미가 있다.

그런데 문제는 그 진심이 마음을 움직일 수 있느냐에 있다. 즉, 감동 말이다. 감동이라⋯⋯. 이것은 삼박자가 맞아 줘야 가능한 법. 타이밍과 그녀의 욕구 파악, 약간의 서프라이즈가 있어야 한다. 실제로 구현하기 어렵다는 원성이 벌써부터 들리는 듯하다. 그럼 영화 속 이야기를 보며 이야기해 볼까?

이제는 고전이 되어 버린 영화 〈해리가 샐리를 만났을 때〉가 제격일지 모르겠다. 화려한 프러포즈 신은 많지만, 이 삼박자를 딱 맞춘 영화는 이 작품뿐이라고 생각한다. 자, 그럼 이 영화의 재생 버튼을 한번 눌러 보자.

1. 타이밍

12월 31일 연말 파티에서 샐리의 외로움이 절정으로 다다랐다.

샐리는 해리가 진심으로 사과했던 것을 받아 줄 걸 그랬나 하며 후회 막급인 상황. 이것이 포인트다. 해리의 의도는 아니었지만 일단 '밀당'이 성공한 것이다.

2. 그녀의 욕구

전 남자친구의 결혼 발표와 나이 먹는 자신에 대한 생각에 지칠 대로 지친 그녀는 진짜 사랑이 나타나기만을 기다리고 있는 상황.

3. 서프라이즈

　샐리는 혹시라도 해리가 오지 않을까 하고 기대를 한다. 하지만 해리의 모습이 보이지 않자 실망하는 샐리. 이제 그만 돌아가자고 생각한 샐리 앞에 땀범벅이 된 해리가 나타나는데!
　샐리를 만나야겠다는 일념으로 뛰어온 해리는 샐리를 보자 다짜고짜 사랑을 고백한다.

샐리_ 미안하지만 해리, 송년의 밤이고 외롭다는 거 잘 알아. 하지만 갑자기 나타나서 사랑한다는 말을 한다고 해서 모든 일이 해결되는 건 아냐. 이런 식으론 안 돼.

해리_ 그럼 어떻게 했으면 좋겠어?

샐리_ 몰라. 하지만 이런 식으론 안 돼.

해리_ 그럼 이런 건 어때? 더운 날씨에도 감기에 걸리고, 샌드위치 하나 주문하는 데 1시간도 더 걸리는 널 사랑해. 날 바보 취급하며 쳐다볼 때 콧등에 작은 주름이 생기는 네 모습과 너와 헤어져서 돌아올 때 내 옷에 묻은 네 향

When Harry

Met Sally

수 냄새를 사랑해. 내가 잠들기 전에 마지막으로 이야기하고 싶은 사람이 바로 너라서 널 사랑해. 지금이 송년이고 내가 외로워서 이런 말 하는 게 아냐. 네 인생을 누군가와 함께 보내고 싶다면, 가능한 한 빨리 시작하란 말을 해주고 싶어.

샐리_ 이것 봐, 넌 항상 이런 식이야 해리! 도저히 널 미워할 수 없게 말하잖아. 그래서 난 네가 미워 해리. 네가 밉다구……!

영화를 본 사람이든 영화를 보지 않은 사람이든 위의 대사들을 보면 뭔가 마음이 찡해지고 있을 것이다(그렇지 않다면 연애 세포가 죽어 가고 있는 것이니 좀 더 사랑하는 마음을 가질 것!).

프러포즈의 삼박자를 운운하며 별스럽게 분석을 하는 척 했지만, 실은 해리의 진심어린 고백의 말 하나만으로도 샐리의 마음을 녹이기에 충분하지 않았을까.

영화지만 달콤한 고백을 받은 샐리가 부럽기도 하면서도, 더 쓸쓸해지는 이상야릇한 마음 때문에 가슴 언저리가 찌릿찌릿해지는 것을 느꼈다. 심지어 눈물도 찔끔 나오다니, 도대체 나는 왜 눈가가 촉촉해지는 거냐고!

보통의 남자들은 프러포즈 자체를 어떻게 해야 더 거창할지 고민하고 마땅한 이벤트 요소를 찾는 것 같다. 카페를 통째로 빌리려고 여기저기 전화를 하거나, 이벤트를 대행해 주는 업체를 찾아서 폭풍 검색을 하기도 하고, 아예 대국민 공개 프러포즈까지 준비하는 모습을 보면 안타까운 마음이 든다.

특히 이벤트를 하겠다며 여자친구 사진을 현수막에 새겨 넣어 그녀의 얼굴을 창피함으로 벌겋게 물들이는 남자도 있다. 게다가 온갖 꽃에 풍선에 장식도 그런 장식이 없다. 아, 정말 낭비다, 낭비.

물론 오색찬란한 현수막 같은 것을 걸고 짜고 치는 고스톱처럼 만들어진 작위적인 프러포즈에 감동을 받는 분도 있을 수 있다. 사실 이렇게 말하는 나도, 만약 사랑하는 남자친구가 한다면 유치하기 짝이 없는 프러포즈라도 감동 받을 것이다. 사랑이란 그런 거니까.

그런데 '진짜 프러포즈'를 하고 싶다면 기억해야 할 것이 있다. 바로 절대 변하지 않을 진심이다. 그 마음을 담아서 작은 실반지라도 하나 내밀며, "나랑 결혼해 줘."라는 한 마디면 된다. "결혼하자!"도 좋다.

〈해리가 샐리를 만났을 때〉의 해리처럼 말주변 좋게 솔직한 말로 사랑을 표현하면 더 좋겠고, 정성을 가득 담은 손편지도 좋다. 아, 그래! 편지라면 정말 좋겠다. 짧지만 명료하고 요란한 수식구가 없는 글 몇 줄이면 된다. 사랑하면, 그 사랑을 있는 그대로 표현하기만 하면 된다. 그게 바로 해리처럼 프러포즈하는 법이다.

프러포즈는 하는 것도 중요하지만 받는 것도 무척 중요하다. 대부분의 여자 분들은 그 점에 대해서까지는 생각할 여력이 없나 보다.

남자친구가 프러포즈를 결심하는 순간부터 그에게 찾아오는 스트레스는 쉽게 짐작하지 못할 것이다. 그도 직장에 가서 근무해야 하고, 일상생활도 해야 하고, 집에서 아들 노릇도 해야 하고……. 정말 멘탈이 붕괴될 정도로 준비할 것이 너무 많을 터. 그렇게 기껏 준비했는데 "어어. 고…, 고마워."라며 애는 썼지만 기대한 것 보단 별로네 하는 분위기를 풍기면 어느 남자가 김새지 않겠는가. 급기야 "정성도 몰라주는 이 사람이 진짜 내 소울메이트야?"라며 다시 생각해 볼지도 모를 일이다.

진심으로 이야기하면 진심으로 받아들일 준비를 하자. 상대가 내 눈을 바라보며 "사랑해."라고 말하면 당신 역시 그의 눈을 똑바로 보고 말해라. "내가 더 사랑해."라고. 또 "나랑 결혼해 줄래?"라고 물으면 "고마워. 내가 더 잘 할게."라고 답해 보자. 어차피 결혼이라는 게 서로의 마음과 마음이 진실로 마주했을 때만이 이뤄지는 것이 아니겠는가. 그 시작을 소중하게 생각하는 이들이야말로 서로에게 진짜 소울메이트가 되어줄 수 있지 않을까 싶다.

프러포즈

Propose

당신과 나의 마법이 시작되는 순간

추억의 클라이맥스, 프러포즈

　프러포즈……. 단어만으로도 로맨틱하기 그지없다. 떠올리기만 해도 심장이 두근두근! 평생에 단 한 번. 이제 마지막까지 당신 한 사람만을 사랑하겠노라 맹세하는 것이 결혼이라면, 그 첫 관문이 바로 프러포즈다.
　프러포즈를 할 때는 평생을 걸고 해야 한다. 평생, 죽을 때까지. 그래서 이 프러포즈라는 것이 아주 중요한 것이다. 술김에, 농담처럼? 아니 그럴 수 없다. 그래서는 안 되지! 평생에 딱 한 번 뿐이라니까!

　술김에 장난처럼 하는 프러포즈보다 더 나쁜 것은 프러포즈를 생략하는 것. 감동 없는 영화가 여운이 있을 턱이 없지 않는가. 스토리든 구성이든, 연출력이든 연기력이든 가슴 속을 채워 주는 감동 있는 영화만이 두고두고 기억에 남는 법. 앞으로 몇십 년을 함께할 결혼 생활 동안 많은 일들을 겪을 텐데 그때마다 흔들림 없이 두 사람을 묶어 줄 수 있는 것은 두 사람의 스토리다.

현실이라는 모진 풍랑에도 절대 흔들리지 않게 마음을 지킬 수 있는 것은 두 사람이 쌓아온 시간과 추억이다. 잊지 못할 즐거운 여행이나 특별한 이벤트, 늘 함께하던 데이트 하나하나가 추억의 조각들이라면, 프러포즈는 그 추억의 클라이맥스다. 남부럽지 않게 화려한 '행사'를 말하는 것이 아니다. 그저 일생일대의 중요한 의사를 표현할 아주 작은 예의만이라도 진심을 담았다면 그걸로 완벽하다.

가장 안타까운 것은 한창 결혼 준비 중에 프러포즈를 하는 커플들이 많다는 것이다. 또 그런 것을 서로가 당연하게 여기는데, 왠지 본연의 의미가 퇴색되는 건 아닌지 걱정이 되기도 한다. 고백도 없고, 프러포즈도 없다. 낭만에 대해 깊이 생각하는 남자도 없다. 정말 슬픈 일이 아니겠는가.

평생을 좌우할 포지셔닝이 프러포즈에도 필요하다는 사실!
프러포즈가 왜 두고두고 기억에 남아야 하냐면, 남은 여생 동안의 부부

관계에 지대한 영향을 미치기 때문이다. 사실 여자란 동물은 어떻게 보면 남자보다 의리가 깊은 구석이 있어서 '이 남자다!' 싶으면 우리네 엄마들이 그렇듯 정성과 사랑을 다한다(물론 그렇지 않은 경우도 많아지고 있지만, 그런 경우들은 열외로 놓자). 그 '이 남자다!'라는 결심이 부지불식간에 생기는 것은 아니다. 가장 인상적인 한 가지가 필요한데, 그게 바로 프러포즈다.

소소하더라도 진심을 담은 감동적인 고백이라면 여자는 평생을 그 남자에게 올인한다. 그게 여자의 의리이면서 사랑이다. 쉬운 것 같다고? 미안하지만 여자는 그렇게 호락호락한 생명체가 아니다. 그 순간의 고백이 얼마나 중요하면 평생을 좌우한다고 하겠는가.

어떤 여배우가 방송에 나와서 한 이야기가 있다. 그녀는 보기와 다르게 사실은 명품이 나올 때마다 신상별로 구입을 해야만 직성이 풀리는 낭비벽을 갖고 있었다고 한다. 명품과 소비를 습관처럼 하는 것을 본 남편이 이렇게 말했다고 한다.

"내가 더 많이 사랑해 줄게. 그럼 그런 것들이 의미 없어질 거야."

그런 남편의 지극한 사랑 덕분에 그녀는 정말 거짓말처럼 명품에 대한 습관적인 낭비벽을 고칠 수 있었다고 한다. 사랑에 굶주림이 없으면 여자는 더 깊은 사랑을 줄 수 있는 동물이다.

마케팅 고전 중에 『포지셔닝』이란 책이 있다. 소비자의 마음속에 어떤 포지션으로 처음부터 자리매김을 하느냐에 따라서 그 마케팅이 성공할 수도, 실패할 수도 있다고 한다. 연애나 사랑을 마케팅에 비교해서 삭막하게 느껴질 수도 있겠지만 그만큼 상대의 마음속에 어떤 존재로 각인되느냐에 따라 평생이 좌우된다는 의미다.

평생 당신의 아내가 되어 당신의 아이를 낳아 키우는 당신의 여자를 최고로 행복하게 하려면 진심이 담긴 프러포즈를 준비하길 바란다.
예식장 다 잡고, 심지어 웨딩 촬영까지 마치고나서 도저히 거절할 수 없는 상황까지 다 만들어졌을 때 장식 조금 늘어놓고, 시어머님과 함께 가서 예물로 맞춘 반지를 내밀며 "결혼해 줄래?"라는 형식적인 프러포즈……, 그건 정말 아니다.
이미 하기로 해서 식장 잡고, 촬영도 하고, 신혼집까지 마련한 상황 아닌가? 이제 와서 결혼해 달라니. 뒷북도 정도의 텀이 있어야 뒷북이지. 이건 한낱 형식, 아니 하루 놀이에 불과하다.

제발 우리 좀 더 용기를 갖자. 둘의 사랑이 아름답게 간직되길 원하고 평생 그녀와 함께 하고 싶다면, 제발 프러포즈하라. 당신의 여자가 죽도록 행복해 하며 마음속에 당신을 평생 믿어도 되는 내 남자로 포지셔닝 할 수 있게 말이다.

프러포즈

Propose

99%의 진심과 1%의 준비

뭔가 잘 모르는 일을 하려고 할 때, 제일 먼저 무엇을 하는가? 아마 이 질문도 그대로 긁어서 검색창에 붙여 보는 사람도 있을 수 있다. 그렇지, '검색하기'다.

프러포즈도 마찬가지. 방법론을 말하기도 머쓱해질 만큼 검색창에 '프러포즈' 네 글자만 검색하면 숱한 업체 사이트와 블로그 성공담 등이 우후죽순 쏟아진다.

업체들은 대부분 이벤트 기획사로, 장소와 예산별마다 각 지역에 포진되어 있다. 원하는 콘셉트가 정해졌다면 직접 업체에 문의를 해 보는 것이 가장 좋다.

한편 블로그에 포스팅 되어 있는 성공담 등 다른 사람들의 에피소드를 찾아보는 것도 방법이다. 하나하나 읽다 보면 나만의 아이디어가 떠오를 수도 있고, 성공적인 사례대로 준비하다 보면 시간과 비용을 단축할 수도 있다.

그녀가 원하는 것은 따로 있다!

빼놓지 말아야 할 것이 '진심과 감동'이라면 아름답게 완성할 수 있는 것은 그녀의 욕구다. 그녀가 평소 생각하고 있던 프러포즈에 대한 일말의 환상 같은 것이라도 미리 알아 두는 것이 좋다. 예를 들어〈섹스 앤 더 시티〉의 캐리 같은 셀러브리티에게 진부하거나 촌스러운 프러포즈반지를 선물한다면 차라리 하지 않는 편이 낫다.

특히 남자들이 간혹 착각하는 것 중 하나가 반지의 화려함과 여자친구의 감동이 비례하는 줄 아는 것이다. 단연코 아니다. 다이아몬드 캐럿 수가 올라갈수록 더욱 엉망인 프러포즈다.

뭐든 과하면 독이 되는 것 아니겠는가. 단편적인 예로 많은 남자들이 콘서트장처럼 사람들의 이목이 집중되는 곳에서 공개적인 프러포즈를 받을 때 여자가 더 감동한다고 느끼지만, 그렇지만은 않다. 오히려 너무 민망하고 시선이 집중되는 게 부담스러울 수도 있다.

특히 깜짝쇼를 한다고 여자가 전혀 눈치 못 채게 준비한 경우, 여자는 화장도 옷도 머리도 준비되지 않았는데 그 상태로 사람들 앞에 서서 대단히 난감해 하는 경우도 있고, 예민한 경우 화를 버럭 낼 수도 있다. 실제로 여자들끼리 모여서 얘기할 때 보면 오히려 그렇게 이목이 집중되는 것은 싫다고 얘기하는 사람들이 훨씬 많으니 꼭 기억하기 바란다.

평소에 내 여자친구를 살피며 그녀가 무엇을 좋아했는지 되짚어 보는 게 좋다. 프러포즈 장면이 나오는 영화를 몇 편 같이 보면서 "와아……! 저렇게 하면 감동 안 할 여자가 없겠네! 안 그래?"라고 떠보듯 물으면 그녀가 "그렇지!" 혹은 "난 별로. 차라리 이렇게 저렇게 하는 게 낫지." 등 뭔가 코멘트를 달지 않겠는가. 그런 기억을 참고해서 들으며 천천히 그녀의 취향을 파악해 보자. 그녀가 좋아할 만한 것을 선택한 뒤에는 꼼꼼히 준비하면서 적절한 타이밍을 노리자. 타이밍은 정말 중요하다.

타이밍이 곧 승패를 좌우한다

프러포즈를 동영상으로 남길 요량이라면 여자친구에게 예쁘게 하고 오라고 귀띔해 주는 게 진짜 필요하다. "아는 형님네 갈 거야.", "친구네 가려고." 등으로 핑계 대면서 여자친구의 스타일을 유도하는 것도 좋다.

이때 살짝 센스를 발휘할 수 있는 팁! "예쁘게 하고 와. 형이 예쁜 여친

데리고 오면 밥 사 준댔어."라는 식의 구실을 붙이면 여자친구는 스타일에 자존심까지 가미시키기 때문에 가장 최상의 스타일이 나올 수도 있다. 나중에 프러포즈 주인공으로 영상에 남게 되더라도 후환이 따르지 않을 것이다.

    요즘은 현수막, 폭죽, 풍선, 반지 등이 패키지로 묶여서 판매되기도 하는데 상술에 팔려 이벤트를 위한 이벤트 같은 것에 비용을 쓸 필요는 없다. 그냥 집 앞에서, 둘만 있는 차 안에서, 혹은 여행을 가서 바다라도 보면서, 예쁜 반지 하나(가격과 감동이 비례하는 것은 진짜 아니지만 디자인은 중요하다) 끼워 주거나, 예쁜 목걸이 하나 걸어 주며 손편지를 건네 보라. 진심으로 사랑하는 마음을 전하고 결혼을 청한다면 이 세상 어떤 여자도

감동하지 않을 리 없다. 이런 기본을 기억한다면 더욱 감동적이고 세련된 프러포즈를 할 수 있을 것이다.

프러포즈 방법에 대한 정보는 위에서도 언급했듯이 넘쳐나서 쉽게 선택할 수 있다. 그러니 딱 20분만 검색하고 선택하면 될 것이다.
그러나 "나 여자친구한테 이러이러하게 프러포즈 했잖아. 아주 울고불고 난리 났지~"라고 말하기 위한 프러포즈 말고, 그녀의 취향을 곰곰이 생각해 보고 준비해서 요란하지는 않지만, 뜨거운 프러포즈 하기를!

영화 속 이색 프러포즈 BEST 3

1 내 머리 속의 지우개
술로 그의 마음을 사로잡아 봐!

청순의 대명사 손예진과 우수에 찬 눈빛으로 여심을 휘어잡는 정우성이 출연한 영화 〈내 머리 속의 지우개〉. 서로를 마음에 품은 두 사람이 술을 마시다 촉촉한 눈빛으로 말한다.
"이거 마시면 우리 사귀는 거다."
"안 마시면?"
"그럼 죽을 때까지 안 만나는 거지."
동시에 소주잔을 들이켜는 여자와 남자. 사랑은 깔끔한 목 넘김과 함께 시작되는 것이다. 정우성이라서 먹힌 거라고 투덜대는 남자들이여, 낙담하지 말자. 자신감 있는 남자가 미녀를 쟁취하는 법이다. 프러포즈의 준비물은 소주와 소주잔, 그리고 의미심장한 눈빛이면 충분하다. 의외로 쉽고 강렬한 인상을 남길 수 있다.

2 해운대
아름다운 야경 속에서 사랑을 약속하는 선상 프러포즈

천만 관객을 사로잡았던 영화 〈해운대〉. 이 영화에서 수많은 여자들의 로망, 선상 프러포즈가 나온다. 설경구가 배를 예쁜 풍선으로 장식한 후 하지원 앞에서 무릎을 꿇고 프러포즈하던 장면은 〈해운대〉의 베스트 신 중 하나다.
〈해운대〉 선상 프러포즈 장소는 해운대 마포 선착장으로, 불꽃놀이가 펼쳐지는 날에 이곳에서 프러포즈를 한다면 감동은 배가 될 것이다. 야경이 아름답기로 소문난 광안대교의 모습은 프러포즈의 좋은 배경이 되어 준다. 광안대교 불꽃 축제는 10월 말에 열리므로 체크해 두자.

부산을 가기 어렵다면 4월 말에 열리는 서울 여의도 불꽃 축제에서 한강 유람선 프러포즈를 시도해 보는 것도 좋다. 어두워진 밤, 환한 불꽃 아래에서 진심을 담은 프러포즈를 한다면 연인에게 아름답고 황홀한 선물이 될 것이다.

3 국화꽃 향기
순수한 마음을 마신다! 요거트 프러포즈

몸이 좋지 않은 여자 주인공 장진영은 건강을 위해 매일 신선한 요거트를 먹는다. 장진영을 사랑하는 박해일은 그녀가 다니는 슈퍼에서 모든 요거트를 사간 뒤 그녀의 집 앞에 쌓아 놓는다. 커다란 하트 꽃다발과 함께 요거트 탑을 만든 모습은 박해일의 순수한 사랑을 보여 준다. 무조건적인 순수한 프러포즈라 더 끌린다.

"당신에게 필요한 것은 제가 다 준비할게요."
"나를 왜 사랑하니?"
"당신이니까요."

연인이 좋아하는 물건을 기억해 두었다가 탑처럼 만들어(단, 예쁘게 쌓아야 한다) 서프라이즈 선물을 준비해 보는 건 어떨까. 만약 초콜릿을 좋아한다면 초콜릿 케이크를 만들어 주는 것이다. 깜짝 놀란 연인에게 환하게 웃으면서 사랑을 고백해 보자.

신부들의 전쟁
Bride Wars

브라이덜 샤워
The Bridal Shower

여자들의 우정은 뭔가 다르다, 브라이덜 샤워

신부들의 전쟁

Bride Wars, 2009

"사랑보다 먼, 우정보다는 가까운~
내 자신보다 이 세상 그 누구보다 널 아끼던 내가 미워지네."
　결혼 시즌이 되면 여자들 사이에서는 가요 〈사랑과 우정 사이〉 같은 이야기가 종종 생긴다. 이상하게 들릴지 모르지만 여자들이라면 분명 공감하리라 믿는다. 내 편이라고 생각했던 가장 친한 친구가 나보다 먼저 결혼을 할 때의 이유 모를 상실감이란! 우리 다 겪어 보지 않았는가.

　남자들의 우정은 어떠할지 몰라도 여자들의 우정은 남자들의 그것과 조금 다르다. 사소한 기쁨과 일상이 모여 만들어진 친구 사이. 하지만 20

대 후반 혹은 30대에 들어서고 결혼을 하게 되면 여자들의 우정은 조금 달라진다. 친구끼리만 아는 이야기가 조금씩 줄어들고, 앞다퉈 신랑 자랑을 하면서 묘한 경쟁이 펼쳐지기도 한다.

원래 하나를 얻으면 하나는 잃는 법이다. 대부분의 여자들은 평생 아름다운 신부가 되어 행복한 결혼식의 주인공이 되는 것을 꿈꾼다. 하지만 주인공 곁에는 주인공을 시기하는 자가 생기게 마련. 결혼 전 친구들 사이에서 타오르는 질투를 조용히 없애 주는 방법이 하나 있다. 바로 브라이덜 샤워다.

결혼식 주인공이라는 자부심과 결혼의 로망, 브라이덜 샤워에 대한 내용이 잘 나와 있는 영화를 한 편 감상해 보자. 추천하는 영화는 제목만 들어도 장난 아닐 것 같은 느낌이 드는 〈신부들의 전쟁〉이다.

영화의 주인공 엠마와 리브는 결혼에 대한 로망으로 하루하루를 사는 여자들이다. 어릴 적부터 한 동네에서 자란 죽마고우인 그녀들의 꿈은 플라자 호텔에서 6월의 신부가 되는 것이다.

엠마와 리브는 하루 차이로, 그러니까 거의 동시에 청혼을 받는다. 어릴 적 호텔에서 결혼하는 6월의 신부가 되기로 한 꿈을 친한 두 친구가 한꺼번에 이룰 수 있으니 얼마나 짜릿할까? 6월 6일에는 리브가, 6월 27일에는 엠마가 결혼하는 것으로 호텔 예약을 하고, 순조롭게 드레스를

Bride Wars

신부들의 전쟁 _ 브라이덜 샤워

보러 다니며 결혼 준비에 여념이 없는데 사건이 터지게 된다. 웨딩플래너 비서의 실수로 엠마와 리브는 6월 6일 같은 날, 같은 시간, 바로 옆 홀에 동시 예약이 된 것! 서로의 결혼식에 들러리가 되기로 했던 약속은 산산조각이 나게 된다. 이때부터 신부들의 전쟁이 시작된다.

리브와 엠마의 전쟁은 처절하다. 오랫동안 알고 지낸 사이인 만큼 상대방의 취약점을 너무 잘 알고 있기 때문이다. 따라서 서로를 향한 공격도 치열하다. 시간이 지날수록 서로에게 깊은 상처를 주게 되는 두 사람. 그렇게 결혼 준비를 하던 중, 둘은 베첼러 파티를 하게 된다.
 브라이덜 샤워가 신부 친구들이 모여서 신부에게 해 주는 것이라면, 베첼러 파티는 흔히 총각 파티라 할 수 있다. 조금 엉큼한 성인 놀이를 즐기는 분위기인데, 쉽게 이야기한다면 〈섹스 앤 더 시티〉의 샤롯이 할 것 같은 파티가 브라이덜 샤워이고, 사만다가 할 것 같은 게 베첼러 파티다.

리브는 남자 댄서들과 DJ가 파티 진행을 해 주는 곳에서 화끈하게 베첼러 파티를 하려고 친구들과 모였다. 물론 엠마는 초대하지 않은 채. 파티에 모인 친구들이 신이 나서 소리치고 흔들며 분위기가 달궈질 무렵, 엠마는 고개를 숙인 채 한쪽에서 테킬라로 용기와 깡을 장전하고 나타난다.
 "여기, 나도 신부에요!" 라고 외치면서.
 화끈한 섹시 댄스를 보여 준 엠마는 리브를 이기고 경품을 차지한다.

결혼 전에 총각 파티를 한다는 이야기는 많이 들어봤지만, 신부들도 이런 경험을 하는지는 몰랐다는 주변인들이 많았다. 외국도 그렇지만 우리나라에서는 더욱 결혼한 신부의 자유가 많이 규제되고 줄어든다. 결혼하기 전에 한 번쯤, 화끈하게 놀아 보고 싶은 마음이 잘못된 것은 아니다.

영화 〈프러포즈〉에 보면 며느리 감으로 소개된 산드라 블록과 예비 시어머님 등이 남자 스트립 댄서의 춤을 보며 환호하고 즐긴다. 성인이니까! 몰래 숨어서 즐기는 것보다 내놓고 신이 나게 노는 것이 베첼러 파티의 포인트다.

화끈한 베첼러 파티건, 아기자기한 분위기로 세팅된 브라이덜 샤워건 결혼식의 주인공인 신부에게 파티를 열어 주는 것임엔 틀림없다. 주변을 보면 결혼식 준비를 하면서 본인도 시간과 돈의 부족으로 엄청 스트레스를 받고, 예비 배우자와의 갈등으로 힘들어 하는 시간을 많이 보내는 것 같다.

지금까지 함께 우정을 쌓아 온 여자 친구들끼리 결혼 전에 선물을 나누든지, 화끈하게 놀든지 파티를 열어 주인공이 되는 것은 충분히 가치가 있는 일이다. 추억을 만드는 일이지 않는가(브라이덜 샤워가 축하인지 위로인지는 글쎄, 스스로 결정해야 하는 부분일 듯).

브라이덜 샤워
The Bridal Shower

신부를 위한 최고의 파티

    브라이덜 샤워, 단어는 참 예쁘지만 낯설게 느껴지는 분도 있을지 모른다. 그런 분들을 위해 설명을 덧붙이고자 한다.
    브라이덜 샤워의 유래는 친구의 결혼 준비 비용을 줄여 주고 축하도 해 주기 위해 하는 것이었다고 한다. 신부 측 친구들이 신부가 미리 알려 준 선물들을 준비해 전달하면서 파티를 여는 것이 브라이덜 샤워다.
    남자 호스트들의 서비스를 받으며 조금은 엉큼하게 즐기는 베첼러 파티 혹은 콘셉트를 정해서 우아하고 럭셔리하게 즐기는 브라이덜 샤워. 어느 쪽이든 부러운 건 사실이다. 원고를 집필하면서 다양한 영화를 보고 외국의 결혼 문화를 다양하게 접하면서 느낀 점이 있다. 외국은 한국

Bride Wars

외국의 결혼식은 온전히 신부가 주인공이 되어서
끝없이 축하를 받고 음악을 들으며 춤추고 맛있는 음식을 먹고 마시는 시간이다.
우리나라에서의 1시간 간격으로 진행되는,
얼굴도 모르는 하객들이 꽉 찬 결혼식과는 차원이 다르다.

여자들의 우정은
남자들의 그것과 조금 다르다
사소한 기쁨과 일상이 모여 만들어진 친구 사이

신부들의 전쟁_ 브라이덜 샤워

보다 더 많이 축하 받고 더 제대로 즐기고, 더 오래 공들인다는 것이다.

결혼식이 결정되면 브라이덜 샤워, 결혼식 리허설 파티, 결혼식, 피로연 등 모든 순서가 파티 형식으로 진행되는데 모든 순서에서 가장 중요하고 대부분을 차지하는 것이 축사다.

친구, 친지, 가족이 사랑과 축복을 가득 담아 축하해 주고 표현해 준다. 우리나라는 내가 진짜로 좋아하는 친구의 결혼식에 가도 "너무 예쁘다! 진심으로 축하해." 정도의 축하 메시지가 전부. 결혼식이 워낙 바쁘게 돌아가기 때문에 나의 축하와 애정을 표현할 시간이 부족한 것이다.

그 친구와 내가 나눈 시간과 추억, 그와의 연애를 처음 시작했을 때 나의 반응, 에피소드 등을 소개하면서 진심으로 축하와 사랑을 전하는 순서가 없다. 축하하러 와 준 모든 하객들에게 직접 들어도 좋을 그런 축사를 들을 시간적 여유가 전혀 없다는 것이다. 다만 폐백을 할 때 어른들이 덕담을 해 주는 게 그나마 비슷하다고 할까?

외국의 결혼식은 온전히 신부가 주인공이 되어서 끝없이 축하를 받고 음악을 들으며 춤추고 맛있는 음식을 먹고 마시는 시간이다. 우리나라에서의 한 시간 간격으로 진행되는, 얼굴도 모르는 하객들이 꽉 찬 결혼식과는 차원이 다르다.

그리고 브라이덜 샤워는 신부가 즐길 수 있는 메인 코스! 동서고금을 막론하고 결혼을 하고 유부녀가 된 이후에 좀 더 팍팍한 인생을 살게 된다는 데에는 이견이 없을 것이다. 그러니까 결혼 전에 좀 더 누리고 즐기면서 아내가 되고 엄마가 되는 것을 각오하게 한다고나 할까? 내 구미에 맞게 선물을 받으며 핑거 푸드를 먹고 예쁜 옷을 입고 사진을 찍고, 파티를 하면서 말이다.

내가 이제 결혼을 하면 아내가 되고, 며느리가 되고, 곧 엄마가 되어 나의 많은 것을 포기할 수 있고 감수해야 하는구나, 그러니까 '지금 더 축하 받고 즐기면서 아내 되기를 준비해야지' 하는 의미도 있겠다.

물론 돈도 들고 굳이 하지 않아도 되는 순서이긴 하다. 생략하려면 1순위로 생략 가능한 순서이기 때문에 우리나라에서는 아직까지 브라이덜 샤워가 보편화되지 않은 게 아닐까 싶다.

그렇지만 몇 백만 원을 들여서 신랑 신부 둘만이 즐기고 기념하는 웨딩 촬영은 하면서 결혼하면 자연히 조금씩 멀어질 수밖에 없는 친구들과의 즐거운 시간을 생략하는 것은 왠지 모르게 서운하다.

브라이덜 샤워라고 하면 익숙하지 않지만 사실 우리나라에도 분명 비슷한 게 있다. 딱히 이름을 명명하지는 않았지만 결혼 전에 친구들을 불러서 청첩장을 주고 결혼 발표를 하고 배우자를 소개하는 시간을 갖는다. 성별에 관계없이 예비부부와 그 친구들이 다 같이 모여서 저녁 먹고 술도 한잔하며 축하하는 자리도 갖곤 하는데 이런 자리는 웨딩 리허설, 디너파티 정도로 생각해 볼 수 있겠다. 그런데 이런 자리에서는 안주와 술에만 집중하는 게 아니라 어느 정도 콘셉트를 갖고 데커레이션이나 의상에 좀 더 신경을 쓰는 등 특별한 시간을 갖는다고 생각하면 되겠다.

총각 파티, 처녀 파티, 혹은 브라이덜 샤워 등 각각의 동성 친구들과 하는 파티도 좋겠지만 그저 다 같이 즐거운 자리를 마련하는 것도 의미 있다. 물론 브라이덜 파티가 또 다른 지출로 부담일 수도 있다. 브라이덜 샤워가 아니어도 돈 쓸 일이 많은 게 결혼이니까. 그러니 꼭 하라고 할 수는 없다.

다만, 브라이덜 샤워를 해 보고 싶다면 많은 비용을 들이지 않더라도 자리를 가질 방법은 얼마든지 있다. 어차피 고마움과 축하가 오가는 즐거운 자리가 아닌가. 부디 부담은 버리고 친구들과 하루 재미있게 보낼 설렘을 갖고 즐겁게 준비해 보는 것은 어떨까.

브라이덜 샤워
The Bridal Shower

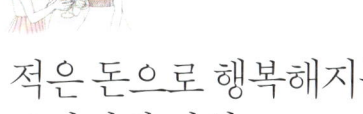

적은 돈으로 행복해지는
브라이덜 샤워

　결혼을 앞둔 신부만큼 복잡 미묘한 사람은 없을 것이다. 실물보다 더 잘 나온 웨딩 사진을 물끄러미 바라보며 미소 짓다가도, 문득 '이 남자와 정말 결혼해도 될까' 하는 생각에 우울해진다. 롤러코스터 같은 마음을 주체하지 못하는 신부에게 가장 힘이 되는 존재는 신랑일까, 신부 친구들일까?
　나는 친구들에 한 표를 주고 싶다. 친구이기에 다독일 수 있고, 친구이기에 가능한 대화들이 있으니까. 어쩌면 브라이덜 샤워는 신부에게 가장 좋은 결혼 축하 선물일지도 모른다. 축하를 받고 마음을 나누고 무엇보다 추억을 남기는 브라이덜 샤워. 직접 해 보고 싶다면 어떻게 준비해야 할지 알아보도록 하자.

하나, 준비는 신부가, 돈 부담은 누가?

사실 브라이덜 샤워의 기원대로라면 신부의 친구들이 모든 것을 준비하고 신부에게 선물도 해 주는 것이 맞다. 하지만 우리나라에서 이런 방식으로 하려면 문제가 생긴다. 바로 축의금! 브라이덜 샤워도 해 주고 축의금도 주면 친구 입장에서는 부담이 클 수밖에 없다. 신부 입장에서도 해달라고 부탁하기 어려운 게 현실이다.

그렇다면 브라이덜 샤워를 해 주는 대신 축의금은 생략하거나, 브라이덜 샤워에 대한 비용을 친구들이 부담하지 않는 방법이 있다. 브라이덜 샤워를 꼭 하고 싶은 신부라면 친구들에게 "축의금 대신 브라이덜 샤워를 해 주면 좋겠다!"라고 살짝 귀띔해 주는 것도 좋은 방법이다. 그러면 마음 맞는 친구들끼리 준비하면 되는 것이다.

아주 친한 친구들이라면 브라이덜 샤워에 대해 오픈 마인드를 가지고 있을 것이다. 적어도 10만 원 이상의 축의금을 준다는 가정 하에 말이다. 친구 중 먼저 결혼한 사람이 있다면 축의금 액수가 어느 정도인지 추측할 수 있을 것이다.

그렇다면 '축의금 vs 브라이덜 샤워' 이렇게 비교해 보고 축의금 포기가 어려우면 축의금을 선택하고 브라이덜 샤워는 신부가 직접 지불한다. 반대의 경우라면 브라이덜 샤워를 선택하는 것도 현명하다.

한국에서는 거의 대부분 신부가 직접 준비하고 비용도 지불한다. 블로 그 등을 통해 공개되는 브라이덜 샤워는 신부가 직접 준비하는 경우가 거의 대부분이다.

위에 얘기한 대로 비용에 대한 부분도 있지만 사실 한국의 2, 30대는 너무 바쁘다. 결혼 준비를 하는 신부도, 직장을 다니고 있는 친구들도 바쁠 것이다. 신부와 친구 모두 브라이덜 샤워를 꼼꼼히 준비하기란 쉽지 않은 일. 그러니 본인이 하고 싶다고 해서 바쁜 친구들에게 무작정해 달라고 하는 개념 상실의 행동은 하지 않기 바란다. 하고 싶은 결혼을 못하고 선두를 뺏긴 것도 기분 나쁜데 눈치 없이 '이거 해 달라, 저거 해 달라' 하면 밉상으로 찍힐 수 있다. 결혼식 날 친구들과 촬영은 해야 하지 않겠는가?

브라이덜 샤워를 하고 싶지만 친구들이 너무 바쁘고 부담스러워 할 것 같다면 본인이 직접 준비하고 "사랑하는 친구들아, 내가 먼저 가서 미안해." 혹은 "나도 이제 합류!" 등의 메시지를 전하면서, '회비 없이 오는 대신 작은 선물이나 카드 정도는 가져와도 좋다'고 말하는 게 좋을 것이다. 친구들과 함께 싱글로서 마지막 추억을 만드는 것이니 말이다.

어떤 예비 신랑은 신부에게 프러포즈를 못했는데 프러포즈도 할 겸해서 예비 신부가 평소에 하고 싶어 했던 브라이덜 샤워를 준비하기도 했다. 예쁜 호텔 룸의 프러포즈 패키지를 예약하고 모자란다 싶어 핑거 푸드 케이터링을 부르고 사진을 찍으며 친구들이 보는 자리에서 프러포즈를 했다고 한다. 친구들의 부러움과 질투를 한 몸에 받았겠지만 아마 예비 신부는 평생 기억에 남는 행복한 날이었을 것이다. 그렇다면 브라이덜 샤워의 준비나 비용 지불은 친구들, 신부 본인, 신랑이 부담하는 것으로 생각할 수 있겠다.

둘, 어디서 어떻게 할 수 있을까?

:: 펜션에서 1박 2일로

펜션을 빌리고 여행을 떠나는 것이다. 떠날 때는 어느 정도의 소품을 준비해서 분위기를 내고 친구들끼리 축하해 주고 맛있는 음식도 먹으며 하루 동안 놀고 오는 방법이다. 이때 신부는 드레스를 대여하고 사진 기사를 따로 불러서 셀프 웨딩 같은 느낌으로 촬영을 함께 하기도 한다.

:: 카페에서 핑거 푸드 등으로 조촐한 파티

홍대 카페 중에 최저 한 시간 대여에 2만 원인 곳이 있다. 카페에서 친구들과 케이크과 샴페인을 가볍게 마시며 사진도 찍고 간단한 파티를 즐긴다.

:: 호텔 패키지

    요즘 대부분 호텔에는 브라이덜 샤워 패키지가 있다. 보통 40만 원에서 50만 원대에 일급 호텔을 이용할 수 있으니 찾아보면 좋겠다.

셋, 소품을 활용해라, 분위기가 달라진다!

    친구들끼리 드레스를 맞춰서 입는 것도 예쁘지만 비용을 무시할 수는 없는 노릇이다. 단체 티셔츠를 제작하거나, 컬러와 콘셉트를 맞추는 것도 분위기를 훌륭하게 살릴 수 있다. 신부만 작은 미니 왕관을 쓰고 친구들

은 코르사주를 한다거나 액세서리를 맞추는 방법은 어떨까. 액세서리의 예로 인형을 들 수 있겠다. 만약 신부가 키티 캐릭터를 좋아한다면 가슴에 혹은 머리에 작은 키티 인형을 달고 오는 것도 방법이 될 수 있다. 또는 파티에 참석하는 친구들끼리 빨간 리본으로 만든 팔찌를 착용하는 것도 좋은 방법이다.

파티 풍선이나 고깔 등 좀 더 특별한 분위기를 살릴 수 있는 적당한 액세서리를 생각해 보자.
그리고 샴페인은 사진의 분위기를 더 멋지게 만들어 주는 좋은 아이템이다. 사진을 제대로 찍고 싶다면 샴페인을 준비하는 것이 좋다. 예쁜 샴페인 잔과 함께 말이다.

파티는 놀이다. 혼자보다는 둘이, 둘보다는 여럿이 놀 때 더 즐겁지 않겠는가. 흥겹게 모든 이가 즐길 수 있도록 하는 것이 가장 중요하다. 따라서 브라이덜 샤워를 할 때 가장 신경 써야 하는 부분은 친구들이다. 축의금 제도가 있는 상황에서 시간과 돈을 들여가며 신부를 축하하러 온 사람들이기 때문이다.
아무리 브라이덜 샤워가 신부를 축하하기 위한 것이라 하더라도 미국만큼 보편화되어 있는 것은 아니니까. 자칫 잘못하면 친구들에게 부담을 주고 신부 혼자만 즐거운 파티가 되어 '유난 떠는 신부'로 낙인찍힐 수 있다는 점을 잊지 말자. 브라이덜 샤워의 의미를 정확히 알고 다 함께 즐기는 파티를 만들고 싶다면 친구들을 배려하자. 이것이 브라이덜 샤워를 할 때 가장 중요한 부분이라 장담한다.

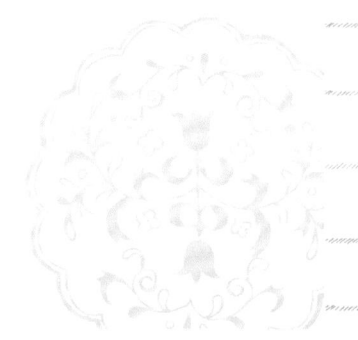

원거리 결혼식

Away Wedding

틀에 박힌 예식장 결혼이 싫은 그대, 떠나라!

500일의 섬머
500 Days Of Summer, 2009

꼬박 500일 동안 한 사람을 사랑하는 것에 대해 어떻게 생각하는가? 지겨운 일이다, 혹은 요즘 그렇게 진득한 사랑을 하는 사람이 어디 있냐고 말하는 사람이 대부분일 것 같다. 하지만 그런 진득한 사람이 있다.

그런 사람이 어딨냐고? 궁금하다면 영화 〈500일의 섬머〉를 보라. 500일의 연애. 그 달콤함과 쓰라림을 담은 수작이다.

섬머라는 여자가 있다. 사랑 따윈 믿지 않지만 싱긋 미소 지을 때마다 남자들의 마음을 벌렁거리게 만드는 매력을 가진 여자다. 그녀가 지나갈 때면 남자들은 동작 멈춤, 시선 집중! 그야말로 핫한 여자다. 그리고 한

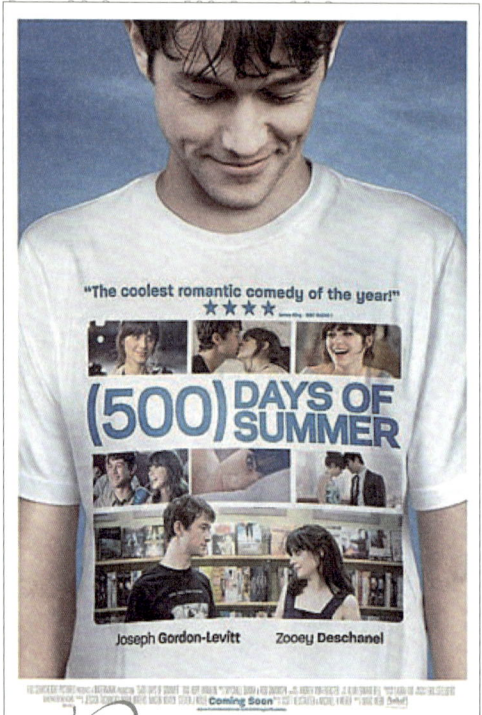

500 Days Of Summer

남자가 있다. 자신의 인생을 바꿔 줄 운명적인 사랑이 나타날 거라 믿는 순수 청년 톰이다. 어딘가 모르게 촌스럽지만 계속 보게 되는 매력이 있는 어수룩한 남자다.

영화 속에서 섬머와 톰은 서로 반하고, 유혹하고, 연애한다. 영화를 볼 사람들을 위해 스포일러는 최대한 삼가겠지만 정말이지 귀여워 죽겠네 싶게 연애를 한다. 하지만 안타깝게도 둘은 헤어지게 된다.
 사랑을 믿지 않는 섬머 때문인지, 그런 섬머의 마음을 돌리지 못한 톰 때문인지, 아니면 이도 저도 아닌 인연이었던 건지……. 상심한 나의 귀여운 훈남 톰은 괴로워하고, 괴로워하고, 또 괴로워한다. 술을 퍼마시고, 집에 있는 접시를 다 깨 버리기도 하고 소개팅에서 만난 여자에게 전 여자 친구에 대한 이야기만 주저리주저리 늘어놓는 그야말로 찌질남의 전형을 보이며 실연의 늪에서 허우적댄다. 끊임없이 과거의 어느 한 부분으로 돌아가 무엇이 잘못되었는지를 반성한다는 내레이션이 나올 땐 내 과거의 연애사들이 겹쳐지면서 영화에 완벽하게 공감되었다.

그러던 어느 날, 원거리 결혼식을 하는 지인의 결혼식에 가기 위해 톰은 기차를 탄다. 함께 가기로 했던 친구가 갑자기 나타나지 않는 바람에 김이 샌 톰은 자리를 찾아가던 중, 톰과 마찬가지로 결혼식에 가려고 기차에 타고 있던 섬머를 발견하게 된다(둘은 같은 직장 동료였기 때문에 둘이 모두 잘 아는 사람의 결혼식이었던 것이다).

누구나 한 번쯤 상상해 봤을 것이다. 아직 마음을 정리하지 못한 채 헤어진 연인 혹은 짝사랑하고 있는 그 사람과 기차를 타고 혹은 비행기를 타고 몇 시간 동안 거의 갇혀 함께 있게 되기를 바라는 상상 말이다.

나는 현실적이지 못하고 인생의 드라마를 믿는 편이기 때문에 언제나 우연을 기다리는 편이다. 기차나 비행기에 올라서 조금 더 반짝거리는 눈으로 사방을 살피게 된다고나 할까? 하지만 그런 우연은 영화에서 더 자주 일어나는 것 같다. 섬머를 잊지 못해 너무 힘들어 하는 톰을 위해 운명이 기적을 만들어 준다.

우리나라처럼 지방 하객들을 위해 관광버스를 대절한 것도 아니고, 기차가 얼마나 긴데 그렇게 같은 칸에서 만날 수가 있냐는 말이다. 영화는 주인공을 편애한다. 정말이지!

섬머를 발견한 톰의 쿵쾅쿵쾅 심장 소리가 화면 밖까지 들리는 듯하다. 아직 섬머를 잊지 못한 톰은 두근거리는 마음을 주체할 수가 없다. 혹시 섬머에게 자신이 보였을까봐 몸을 숨기기에 바쁘다. 소심한 사람의 전형적인 반응이 그렇지 않은가? 어쩌면 톰의 혈액형은 AAA형일지도 모른다. 씩씩하고 쿨한 섬머가 먼저 다가와서 인사를 건넨다.

그래, 뭐가 어때서? 이미 끝난 지 조금 되었으니 인사하고 편하게 커피 한잔 하는 거 괜찮잖아? 원수처럼 싸우고 끝난 것도 아닌데. 소심한 톰은

사랑을 하고,
그 사랑을 잃어버린 사람은
아무것도 잃어버리지 않은 사람보다 아름답다

500일의 섬머_ 원거리 결혼식

마음에도 없이 튕기려다가 마지못해 응하는 것처럼 말한다.

"그래, 커피 한잔 하지 뭐."

이렇게 얘기를 하고 둘은 식당 칸으로 간다. 섬머가 화사하게 웃자 톰은 더 해맑게 웃는다. 식당 칸의 창밖으로는 예쁜 노을이 물들어 가고 정말 달콤하기 짝이 없는 음악이 울려 퍼진다(〈500일의 섬머〉 OST는 너무나 출중하다).

그렇다. 영화 속 결혼을 다루고 있는 이 책에 〈500일의 섬머〉가 들어갈 수 있는 이유는 바로 기차를 몇 시간 타고 가야만 하는 곳에서 하는 원거리 결혼식이, 짧지만 너무나 인상 깊게 그리고 임팩트 있게 나오기 때문이다.

그렇게 식장에 도착해 슈트를 차려입은 톰은 발랄한 드레스를 입고 머리를 업 스타일로 묶어 목선을 드러낸 섬머를 보고 또다시 반한다. 다시 말하지만 스포일러를 내뿜고 싶지는 않다. 이 영화는 특히나 많은 사람들이 즐겼으면 하니까. 하지만 이건 어쩔 수 없이 써야겠다.

둘은 그날 밤 소박하고 아름다운 결혼식 파티에서 춤을 춘다. 눈을 맞추고 행복하게 미소를 지으며 결혼식 파티장의 조명을 받으면서 행복하게 말이다. 아마도 몇 달 만에 톰은 행복했겠지? 톰의 귀여운 눈웃음이 작렬하는 장면이다. 결혼식 피로연에서 행복한 시간을 보낸 톰과 섬머. 둘이 느끼는 행복이 같았을지 달랐을지는 영화에서 직접 확인해 보기를.

이런 가정을 한번 해 보자. 당신이 친오빠의 친구나 선후배와 연애를 했다고 아쉽게도 연애는 성공적이지 못했고 결국 결별했다고 치자. 그런데 그 전 연인과 몇 시간 어쩔 수 없이 함께 있어야 하는 상황을 만들고 싶다면? 오빠에게 양평이나 강원도 혹은 제주도에서 하는 결혼식을 권해 보자.
이런 상황은 여기저기에 대입할 수 있다. 결혼식은 교통이 편한 역세권이어야 하고 찾기 쉬워야 한다고? 왜 그렇게 먼 데로 했냐고 너무 불편하다며 툴툴거릴 하객들은 포기하면 또 어떤가?

그런 게 아니어도 나를 축하하러 와 주실 분들만, 내 결혼식을 계기로 좋은 공기도 쐬고 아름다운 풍경도 보면서 하루 반나절쯤은 나를 축하하는 마음으로 즐겁게 함께 할 수 있는 진짜 나의 사람들만 부르는 것이 더 의미 있다.
조건에 따라서 안 오는 사람, 간혹 시샘을 내거나 식장이 이렇네 저렇네 뒷말이나 할 사람들을 정중히 사양하는 똑똑한 방법을 알려 주겠다. 바로 '교외'에서 결혼식을 올리는 것이다. 물론 〈500일의 섬머〉에서처럼 어떤 청춘 남녀에게는 잊지 못할 설렘을 안겨 줄 수도 있을 것이고 말이다.

교외에서의 결혼식이 익숙하지 않을 수 있다. 하지만 요즘에 정말 부를 사람들만 불러서 소규모로(양가 합쳐서 80명에서 150명 정도) 결혼식을 하겠다는 신랑 신부가 늘고 있다. 물론 아직도 토요일 점심, 서울 시내 역세권에서 하는 결혼식이 압도적으로 인기 있긴 하지만.

어쨌든 원거리 결혼식을 하고 싶은데 아무도 안 하는 것 같아서 망설이지는 말았으면 한다. 10년 전보다, 5년 전보다 아주 많이 늘어나고 있는 추세이기 때문이다.

만약 결혼식 장소가 경기도 양평이나 헤이리 정도라면 오히려 꽉 막히는 도심보다 더 빨리 갈 수 있다. 당신을 진짜 사랑하는 하객들이라면 기꺼이 와 줄 것이고, 이렇게 아름다운 공간에 휴식하러 올 수 있었음을 두고두고 감사할 것이다.

톰과 섬머의 결혼식이었다면 어땠을까? 먼 바닷가에서 결혼식을 하고 밤이 새도록 파티를 즐기며 춤을 춘 것이라면 더할 나위 없이 아름다웠을 것이다.

서울과 가깝지 않은 곳에서 결혼식을 추천하는 이유는 딱 하나다. 당신 결혼식의 주인공은 다른 누구도 아닌 당신이니까! 갑갑한 도시를 벗어나 탁 트인 곳에서 사랑하는 이들과 함께 결혼을 축하 받는 자리, 생각만으로도 짜릿한 일이 아닌가?

이 책은 당신이 주인공이 되어 결혼식을 하고 로맨틱한 첫날밤을 맞이하라고 유혹하는 책이다. 기차를 타고 가야 하는 결혼식, 하룻밤을 자고 와야 하는 결혼식! 낭만적이지 않은가. 문득 내가 결혼을 하게 된다면 원거리 결혼식을 하면 어떨까 하는 생각이 간절해졌다.

원거리 결혼식

Away Wedding

아름다운 풍경 속에서
사랑의 맹세를

    요즘에는 의외로 원거리 결혼식을 고집하는 신부들이 조금씩 늘고 있다. 대부분의 신부들이 하객들을 생각해서 예식장을 잡는 경우가 더 많지만 말이다.

    원거리 결혼식을 하기로 마음먹은 신랑 신부들은 주관이 뚜렷한 것 같다. 아름다운 풍경 속에서 정말 '엑기스'라고 부를 만큼 소중한 사람들만 불러서 파티처럼 결혼하고 싶다는 말을 하는 걸 보면 원거리 결혼식이 스쳐 지나가는 유행은 아닌 것 같다.

    요즘에는 서울에서 멀지 않은 경기도, 강원도, 충청도 등지에 있는 리조트에서 결혼식을 많이 한다. 그 중에는 연고가 아닌 경우도 종종 있다. 보통 사람들이 원거리 결혼식이 괜찮을지 망설이는 사이, 용기 있는 사람들은 로맨틱한 원거리 결혼식을 하고 오는 것 아니겠는가?

자, 서울에서 조금 떨어진 경기 지역이나 지방에서 하는 결혼식도 낭만 적일 수 있다는 건 이제 알았을 것이다(물론 부모님께서 지방에 계시고 신랑이나 신부 중 한쪽이 지방에 거주하는 이유 때문에 지방에서 결혼하는 경우도 많지만, 그런 경우는 조금 다르니 설명하지 않겠다). 약간의 불편함을 감수할 수 있고 평범한 예식장에서 결혼할 때만 하객이 될 사람들을 포기할 준비가 되었을 때는 어떻게 해야 할까? 우선 장소를 찾아보는 것부터 시작하자.

하나. 원거리 결혼식의 핫 플레이스는 어디?

많이 각광 받는 곳으로 경기도 양평에 생각 속의 집(펜션), 경기도 광주에 곤지암 리조트가 있고, 강원도에 오크밸리, 제주도에 하얏트 리젠시 제주가 있다. 남해 힐튼 리조트 같은 곳도 고급스럽고 이국적인 분위기에서 웨딩을 할 수 있다.

포털 사이트에서 지방 펜션, 호텔, 리조트를 검색해 보면 웹 사이트 내에 웨딩 카테고리를 운영하고 있는 곳이 많으니 이미지, 위치, 시설 등을 보고 마음에 들면 직접 전화를 걸어 비용 등을 확인하면 되겠다.

물론 웨딩플래너에게 원하는 지역과 분위기를 설명하고 섭외를 요청해도 좋다. 하지만 경력이 그리 길지 않고 경험이 적은 웨딩플래너라면 그냥 일반 예식장 결혼식이 속 편하다며 만류할 수 있으니 의지 꺾이지 않을 각오 단단히 하고 문의해야 한다는 점, 잊지 말자.

둘, 원거리 결혼식을 하기 전에 필요한 조건

원거리 결혼식을 할 때 갖춰야 할 조건들이 몇 가지 있다.

첫 번째는 부모님의 허락!

결혼식 위치든 뭐든 너희 마음대로 하라고 말씀하셨더라도 '토요일 점심, 서울 역세권의 웨딩홀 고르겠지'라고 생각하셨기에 마음대로 하라고 하셨을 확률이 높다.

실제로 많은 커플들이 원거리 결혼의 핑크빛 꿈을 꾸다가 부모님에 의해 무참히 그 꿈을 접었으니 말이다.

특히 신부라면 너무 혼자 고집 피워서 하려고 하지 말자. 결혼식을 잘 하고 싶은 마음은 백번 이해하지만 '선택의 연속'인 결혼식 준비에서 고집을 부리면 후일을 감당하기 어려울 수 있다. 결혼 준비 첫 단계가 예식장 잡기인데 고집을 피워서 원거리 결혼을 하기로 결정했다면 이제 남은 준비 기간 동안 많은 부분을 양보해야 할 것이고, 결혼식 당일 작은 문제라도 생긴다면 모든 불평과 불만을 직접 들어야 할 것이다.

두 번째는 하객의 수다.

이는 굉장히 중요하다. 아버지나 어머니가 아직 은퇴하지 않았고 은퇴하셨더라도 중직을 맡고 계셨다면, 부모님의 형제와 자매가 아주 많아서 친척과 조카들이 줄줄이 참석해야 한다면, 신랑 혹은 신부가 사업을 해서 비즈니스 목적의 하객이 많을 예정이라면 그 결혼식은 하객의 편의를 1순위로 생각해야 뒷말이 없다는 점을 명심해야 한다.

특히 하객이 많을 것으로 예상되는 상황이지만 '청첩장 조금만 찍어서 돌리고 예산 줄여서 해야지'라고 생각한다면 그 생각은 일찌감치 포기하는 것이 좋다. 청첩장을 직접 받지 않았지만 결혼식에 간 경험, 당신도 분명 있을 것이다. 생각보다 꽤 많은 사람들이 청첩장을 받지 않아도 예식장에 온다.

다시 말해 하객은 자기 마음대로 줄어들지 않는다는 것! 가수 이승철이나 아나운서 강수정의 결혼식처럼 홍콩 같은 곳에서 결혼식을 하거나 아예 최하 제주도 정도로 간다면 오히려 하객을 줄여 소규모 웨딩을 할 수 있을 것이다. 그러나 경기도, 강원도, 충청도 정도로는 어림도 없다.

부모님의 허락을 받고 하객 수도 많아야 100명 미만일 거라는 확신이 든다면(아무리 많아도 200명이 넘어가면 힘들다는 점 기억하고) 장소를 정하고 소신 있게 밀어붙이면 되겠다.

셋, 일화로 알아보는 원거리 결혼식

　백번 설명하는 것보다 실제 이야기를 한번 들려 드리는 게 더 좋을 것 같아 원거리 결혼식의 실제 사례를 소개한다. 경기도 양평 '생각 속의 집'에서 결혼식을 한 신부의 에피소드다. 그 신부는 하객 수가 150명 정도였다. 찾아와야 하는 하객들의 수고를 조금이라도 줄이기 위해 청첩장 배포를 일찍 했어야 했다.

　청첩장 배포는 보통 한 달 전에 하는 게 좋다고 하는데 이 분들은 두 달 전에 청첩장을 배포했다. 청첩장에는 오는 방법을 각 교통수단별로 상세히 기재했고, 버스를 한 대 빌려서 지원을 했다. 일일이 전화를 걸어서 한 번 더 설명하기도 했다. 물론 부모님과 신랑 신부가 나눠서 통화를 했으니 한 사람당 서른 명 안팎의 사람과 통화를 한 것이다. 한 달 정도 되는 기간 동안 여유롭게 말이다.

　그렇게 꼼꼼한 안내가 있었던 후라 그런지 장소에 불만을 가지는 사람이 없었고, 특히나 펜션의 아름다움과 교외에 나와 있다는 여유로움 때문에 하객들의 반응이 정말 좋았다. 펜션 장식도 직접 했는데, 한 땀 한 땀 정성을 들여 꾸며 놓으니 작지만 고급스럽고 훌륭한 결혼식장이 되었다. '생각 속의 집'에서는 원하면 직접 식장의 꽃 장식도 해 준다. 미리 상담을 받아 보고 콘셉트를 잡는다면 원하는 분위기로 쉽게 꾸밀 수 있다.

　이 신랑 신부는 예식이 끝난 후 뷔페로 식사를 하며 파티를 열었다. 파티 음악을 신랑과 신부가 직접 CD에 구워 와서 틀었는데 음악에 흥이 잔뜩 오른 친구들과 신랑 신부는 늦게까지 파티를 즐기다가 밤에 홍대로 나와서 남은 여흥을 즐겼다고 한다. 잊을 수 없는, 진짜 파티 같은 결혼식이다.

서양뿐 아니라 우리나라도 혼인이란 것이 모름지기 짝 이룸 잔치고 밤새 축하하며 즐기는 자리가 아닌가. 이런 자리를 제대로 즐기려면 1박 2일쯤은 필요하지 않을까 싶다. 먼 곳에서 결혼식을 보러 온 하객이라면 잠깐 얼굴 도장 찍고 욕먹지 않을 만큼의 축의금을 내고 식사만 하고 가는 사람들은 아닐 것이다. 소요 시간과 목적을 생각하여 충분히 즐기고 놀다 갈 사람들이 분명하다.

축하 받는 것은 신랑 신부지만, 신랑과 신부뿐만 아니라 참석한 하객 모두에게 잊을 수 없는 추억을 남겨 주는 것이 바로 원거리 결혼식의 가장 큰 매력이다.

원거리 결혼식
Away Wedding

원거리 결혼식의
준비부터 마무리까지

갑갑한 도시를 떠나 탁 트인 곳으로 드라이브를 하자! 어디로? 둘만의 사랑을 서약하는 결혼식장으로! 예식장 결혼과는 비교할 수 없는 새로움과 낭만이 가득한 원거리 결혼식. 결혼을 하는 신랑 신부뿐만 아니라 하객들에게도 잊지 못할 추억을 안겨 줄 수 있다는 게 원거리 결혼식의 매력이다.

하지만 간과할 수 없는 중요한 부분이 있다. 바로 '비용'이다. 감당할 수 있는 선에서 금액이 정해져야 준비도 편하다. 행여나 높은 금액을 감당해야 할지 모른다는 불안감을 가지고 있는 신랑 신부를 위해 원거리 결혼 준비의 시작부터 마무리까지 소개하고자 한다. 우선 후보 장소 몇 군데를 정해 비용을 알아보자. 리조트, 호텔, 펜션별로 정리해 본다.

리조트, 호텔, 펜션 중에 어디가 좋을까?

첫 번째, 리조트

1. 오크밸리

서울에서 한 시간 반 정도 거리에 있으며 채플 웨딩으로 진행된다. 하객 인원 100명 기준으로 홀 사용료는 100만 원이며, 피로연 식대는 1인 기준으로 5만 5천 원부터 시작한다. 폐백실과 케이크는 무료로 제공된다.

♥찾아 가는 길
　① 자가용: 원주역 사거리에서 횡성/서원 방면으로 우측 방향 지방 도로 타고 송호동 방면으로 좌회전(송정로), 월송석화로를 지나 오크밸리 도착
　② 대중교통: 원주역 2~3분 거리 역전 시장 앞 버스 정류장에서 오크밸리 무료 셔틀 이용
♥주소: 강원도 원주시 지정면 월송리 1016번지
♥전화: 033-730-3500

2. 곤지암 리조트

그랜드 볼룸 웨딩, 야외 웨딩으로 나뉜다. 둘의 가격은 동일하며, 하객 인원 200명을 기준으로 했을 때 피로연은 1인당 6만 원이다. 100명 정도의 하객으로 예식을 진행한다면 1인당 피로연 가격이 10만 원까지 올라

간다. 웨딩홀은 하객이 200명 이상이면 무료로 제공되며, 폐백실과 케이크도 무료다.

♥찾아 가는 길
　① 자가용: 제1중부고속도로에서 곤지암IC로 들어와 3번 국도 곤지암, 이천 방향 우측도로를 이용 도궁초등학교까지 직진해서 곤지암 리조트 입구로 우회전
　② 대중교통: 강변역 1113-1번(광주 방면), 잠실역 500-1번(성남 방면), 강남역 500-2번(양재, 교대 방면)을 타고 곤지암 터미널 하차 후 리조트행 순환 셔틀 이용
　③ 곤지암 터미널에서 리조트행 순환 셔틀 이용
♥주소: 경기도 광주시 도척면 도웅리 540번지
♥전화: 1661-8787

두 번째, 호텔

1. 하얏트 리젠시 제주

　드라마 〈꽃보다 남자〉의 주인공 구준표의 웨딩 촬영이 있었던 곳으로 유명한 레인보우 웨딩. 하얏트 리젠시 안에 '레인보우 웨딩 채플'이라는 이름으로 따로 운영한다. 하얏트 호텔에서 숙박하는 신랑 신부에 한해 예식을 진행한다. 양가 합쳐서 50석을 제공하는 소규모 웨딩홀이며, 패키지 서비스로 진행한다. 총 4가지 패키지 서비스가 있다.

:: 베이직 패키지: 성수기와 비수기로 구분되어 예식 가격에 차이가 있다. 성수기(3~6월, 9~12월)에는 약 180만 원이며, 비수기(1~2월, 7~8월)에는 150만 원으로 제공한다. (세금 10% 별도)

:: 스탠더드 패키지: 성수기와 비수기에 관계없이 약 400만 원의 금액으로 진행한다. 목사님, 드레스와 턱시도 렌탈, 메이크업, 싱어와 피아니스트, 부케, 결혼 증명서, 앨범과 DVD를 제공한다.

:: 레인보우 패키지: 성수기와 비수기에 관계없이 480만 원 정도로 스탠더드 패키지에서 버진 로드와 하객 숙박이 추가 된다.

:: 스페셜 패키지: 가장 많은 사항을 제공하는 패키지로 금액은 730만 원이다. 레인보우 패키지에 미니 리셉션, 가든 파티, 야외 촬영, 신랑 신부 호텔 숙박 등이 더해진 구성이다.

♥찾아 가는 길
  ① 자가용: 제주 국제 공항에서 나와 중문고속도로로 진입, 풍력발전소 사거리에서 우회전 후 직진
  ② 공항 리무진: 공항 출구에서 리무진 버스(606번) 탑승
  ③ 렌터카: 렌터카 네비게이션 코드 '4327' 입력
♥주소: 제주특별자치도 서귀포시 중문관광로 72번길 114
♥전화: 064-733-1234

2. 파라다이스 호텔 부산

부산 파라다이스 호텔에서 예식을 진행할 수 있는 룸은 크게 3가지 룸으로 나뉜다. 그랜드 볼룸, 카프리룸, 시실리룸, 야외가든이 있  다. 이 중에서 소규모의 하우스 웨딩을 하기 좋은 룸은 카프리룸(하객 인원 140명), 시실리룸(하객 인원 60명~80명)이다. 하우스 웨딩을 가장 많이 하는 시실리룸을 기준으로 소개하겠다.

홀 사용료는 따로 없으며, 피로연은 1인 기준 7만 원에서 15만 원의 가격대이다. 폐백실은 30만 원, 신랑과 신부의 메이크업은 따로 문의해야 한다. 필수로 해야 할 생화 장식은 600만 원에서 1000만 원의 가격대이므로 구성 등을 꼼꼼히 체크해 보는 것이 좋다. 케이크는 50만 원(3단), 80만 원(5단)이고, 그 외의 소모품(영상 장비, 웨딩 캔들)은 70만 원이다.

♥찾아 가는 길
　① 자가용: 경부고속도로에서 번영로(해운대 BEXCO 방향 Exit), 올림픽 교차로 지나 APEC로 동백사거리 좌회전, 해운대 해수욕장 방면
　② 대중교통: 부산역에서 좌석 버스 1003번 탑승 후, 해운대 해수욕장 입구 하차(약 40분 소요)
♥주소: 부산광역시 해운대구 중동 1408-5
♥전화: 051-742-2121

세 번째. 펜션

생각 속의 집

드라마 〈궁〉, 〈아이리스〉 촬영지로 알려지며 유명해진 펜션. 건축가 민규암이 지은 곳으로 사진, 여행 등에 관심이 많은 사람들의 로망으로 자리 잡았다. 야외(노천 테라스 카페)와 실내(레스토랑 1, 2층)중 선택해서 예식을 진행할 수 있다. 브라이덜 샤워를 함께할 수 있고 예식이 끝난 후 자리를 옮기지 않고도 피로연을 즐길 수 있다. 숙박 시설이 갖춰져 있기 때문에 늦게까지 파티를 하고 싶은 경우에는 부담 없이 할 수 있다.

하객 인원 70명을 기준으로 기본 사용료는 150만 원이며, 피로연은 1인 기준으로 5만 원부터 시작된다. 생화 장식은 200만 원부터 있다.

♥찾아 가는 길
    자가용: 잠실에서 약 1시간 소요. 월드컵 주유소에서 홍천, 횡성 방향으로 좌회전, 비발디파크 방향으로 좌회전해 서면 방향으로 진입해 직진
♥주소: 경기도 양평군 단월면 부안리 32번지
♥전화: 031-773-2210

원거리 결혼식에 대한 편견 중 하나는 바로 비용에 대한 환상이다. 지방에서 소규모로 하는 결혼식은 일반 결혼식보다 저렴할 것이라고 생각하는 분들이 있는데 꼭 그렇지는 않다. 가장 저렴한 결혼식을 고르라면 하루에 내여섯 커플을 치러 내는 전문 웨딩홀 결혼식을 들 수 있다. 공간을 대여하는 시간이 짧고 매뉴얼로 진행하기 때문에 하루에 여러 팀의 매출이 가능한 것이다.

그러나 조금 더 알아보고 프로모션 기간을 이용하면 저렴하게 할 수 있으니 기억하면 좋다. 위의 가격 정보에서 봤듯이 리조트라고 해서 저렴하다거나, 호텔이라서 더 비싸지는 않다. 원거리 결혼이지만 일반적인 예식 식순을 따르고 싶다면 지방의 리조트나 호텔 중 결혼식을 진행했던 횟수가 많은 곳을 고르면 된다. 예식 진행을 많이 했던 곳인지 판별하는 팁을 다음의 방법으로 살펴보자.

하나, 인터넷 후기에 많이 언급되는 곳을 선택한다.

둘, 연회 예약실에 예약 현황을 물어보고 예약 상황을 보고 판단한다.

셋, 전문 웨딩플래너에게 객관적인 정보를 문의한다.

아무래도 예식을 많이 진행했던 곳은 동선이나 진행이 노련하기 때문에 일반적인 예식을 하려는 커플에게 적합할 것이다.

좀 더 파티 분위기로 주례 없이 자유분방하게 나만의 결혼식을 만들고 싶다면 펜션이나 갤러리 등 어떤 장소든 가능한 곳을 고르면 된다. 실제로 강가의 전체 통유리로 만들어진 카페에서 결혼식을 하는 경우도 있고 헤이리에 있는 갤러리를 꾸며서 결혼을 한 경우도 있었다. 공간 자체부터 본인이 제약 없이 선택하면 그 결혼식은 생각하는 대로 만들어지는 것이다. 그런데 지방까지 시간 들여 왔는데 진행이 더디거나, 식사가 만족스럽지 못하거나 실수가 많으면 하객들의 짜증을 돋울 수 있으니 식 진행과 하객 식사 등을 철저히 체크해야 한다. 신랑 신부가 아무리 꼼꼼한 성격을 갖고 있다고 하더라도 결혼식은 처음이기 때문에 웨딩플래너, 신랑과 신부의 일거수일투족을 체크하며 도움을 주는 헬퍼, 그리고 포토그래퍼 등의 스태프는 모두 노련하고 경험이 많은 드림팀으로 구성이 되어야 한다. 반드시!

레이첼 결혼하다
Rachel Getting Married

하우스 웨딩

The House Wedding

내 스타일대로
결혼식을 디렉팅하다

레이첼, 결혼하다
Rachel Getting Married, 2008

    제목만 보면 로맨틱 코미디일 것 같은 영화 〈레이첼, 결혼하다〉. 사실 몇몇 분들에게는 제목이 조금 낯설 수 있다. 높은 작품성에 비해 흥행하진 못해서 영화 팬들 사이에서도 드문드문 알려진 작품이다. 나 역시 이 영화를 우연히 알게 되었다. 결혼 관련 영화를 고민하던 중에 트위터에서 어느 영화 관계자의 추천을 받은 영화였다. 직업병이 어디 가겠는가. 하우스 웨딩이 잘 나와 있다는 말을 듣자마자 바로 재생 버튼을 눌렀다.

    〈레이첼, 결혼하다〉는 가족 영화로 가족 간의 갈등과 화해를 다루고 있다. 하지만 웨딩플래너의 시각으로 봤을 때 〈레이첼, 결혼하다〉는 결혼

영화다. 레이첼의 결혼식이 열리는 3일 동안의 이야기를 다루고 있기 때문. 결혼을 준비하는 장면으로 영화가 시작하고 결혼식이 끝나면서 영화도 끝이 난다.

이 영화는 특별히 하우스 웨딩을 다루고 있다는 점이 관전 포인트. 아름다운 주택에서 하우스 웨딩을 하고 싶어 하는 사람이라면 이 영화를 꼭 봐야 할 것이다. 하우스 웨딩에 대한 로망을 실제로 재현하기에 많은 도움이 되는 영화다.

영화의 진짜 주인공은 레이첼이 아니라 그녀의 여동생 킴이다. 영화 〈악마는 프라다를 입는다〉의 앤 해서웨이가 킴으로 나온다. 글래머러스하고 여성스러운 그녀가 대충 자른 숏커트에 10초에 한 번씩 욕을 내뱉는 반항아로 나오다니! 오히려 너무 잘 어울려서 두 번 놀랐다.

약물 중독자였던 킴이 언니 레이첼의 결혼식에 참석하기 위해 집에 오면서 영화가 시작된다. 재활원에서 지내던 중에 언니 레이첼의 결혼 소식을 듣고 결혼식에 참석하게 된다.

레이첼은 화려한 호텔이나 예식장이 아닌 자신의 집에 가족과 하객을 초대해 하우스 웨딩을 한다. 조촐해 보일 수도 있지 않을까 싶지만 레이첼의 꼼꼼함과 손재주를 보면 '이래서 하우스 웨딩을 하는구나' 싶은 생각이 든다. 그녀는 웨딩플래너를 따로 부르지 않고 모든 것을 직접 준비

Rachel Getting Married

레이첼, 결혼하다_ 하우스 웨딩

한다. 하객들이 앉을 의자를 세팅하고 비 올 것을 대비해 천막도 세운다.
 레이첼 가족의 센스가 돋보이는 부분도 나오는데, 레이첼 가족이 작은 도자기 인형에 이름표를 달아 하객들의 자리를 정하는 장면이다. 결혼식의 주인공인 신랑과 신부 옆에 앉고 싶어 하는 하객들이 서로 신경전을 벌일 수 있기 때문. 하객들의 불만을 줄이기 위함이라니 정말 배려 돋는 가족이다.
 여기서 또 하나의 발견은 하객 좌석표와 답례품의 역할을 하는 예쁜 인형. 하우스 웨딩에 참석하는 하객들에게 기념이 될 만한 작은 선물을 준비하는 마음이 다정하기 그지 없다.

 결혼식 전날 밤, 신랑 신부의 가족과 지인들은 다 같이 모여서 파티를 한다. 축사를 하고 어릴 적 얘기들을 짓궂게 폭로하며 왁자지껄한 저녁 식사를 한다. 서로에게 잘 보이느라 미처 말하지 못했던 깨알 같은 과거사들도 하나둘 튀어 나온다. 웃음소리와 드럼과 기타, 트럼펫 등이 어우러진 경쾌한 결혼 행진곡이 무척 멋지다. 신부 아버지와 여동생 킴은 연주에 맞춰 스스럼없이 춤을 추고 사람들은 흥겨워 한다.

 며칠에 걸쳐 준비한 것들을 다시 한번 체크하고, 마침내 결혼식을 시작한다. 혼주석 없이 자유롭게 앉는 부모님들. 들러리들이 입장하고 흰 드레스를 차려입은 신부가 아버지의 손을 잡고 입장한다. 레이첼은 커다란 눈에 눈물이 가득 고인 채로 신랑인 시드니를 평생 아끼고 사랑하겠노라 다짐한다. 결혼해 줘서 고맙다고 말하는 레이첼의 모습이 뭉클하다. 신랑 시드니의 차례.

"평생 음악만 듣고 살아왔어. 그런데 당신을 만나고 당신의 목소리를 들으니 그보다 더 아름다운 음악은 없었어."

그리고 이어지는 세레나데. 반주 없이 목소리만으로 노래를 부르는 그의 모습은 이 영화의 명장면 중 하나. 반지 교환이 끝난 후 신랑과 신부는 기쁨의 키스를 한다. 부모님과 친척, 친구들 모두 진심으로 감동하여 눈물을 흘린다.

화려한 호텔이 아닌 집의 거실에서 하는 결혼식인데도 소름끼치게 아름다운 레이첼의 결혼식. 식이 끝나고 다 함께 음식을 먹으며 즐거운 시간을 보내며 저녁이 되자 모두 편안한 나이트 웨어로 갈아입고 화끈하게 논다. 즐거움과 뭉클함이 함께하는 레이첼의 결혼식은 따뜻하게 끝이 난다.

웨딩플래너로 일하다 보면 결혼식장을 집 드나들 듯 자주 가는데, 종종 드라마틱한 장면을 보게 된다. 신부 대기실에서 친정 엄마와 신부가 눈이 마주치자마자 서로 대성통곡을 하는 모습, 신랑이 눈물을 감추지 못하는 장면을 봤었다. 결혼 준비 중에 급격히 건강이 악화된 아버지 때문에 친척들 모두가 계속 눈시울을 붉히는 경우도 있다. 한 번은 결혼식 입장 직전의 신부가 "내가 이 결혼을 하려고 얼마나……."라며 말을 잇지

Rachel Getting Married

레이첼, 결혼하다_ 하우스 웨딩

못하고 눈물을 쏟았다.

 그런 상처와 아픔들을 가슴 한 켠에 두고 서로를 축하하고 진심으로 축복하는 것이 바로 결혼식이다. 레이첼의 가족이 결혼식을 통해 서로 화해했던 것처럼 말이다. 결혼식이 레이첼에게 새로운 가정, 다시 화해하는 가정을 선물하는 셈. 레이첼의 결혼식을 보면 가족과 결혼은 뗄 수 없는 관계라는 것을 다시 한번 깨닫게 된다.

 직접 꽃을 고르고 장식을 하고 친구들과 가족들이 모여 의미 있는 파티를 여는 것, 시간 제약 없이 가까운 가족, 친지들이 모여 축하하면서 잔치를 벌이는 것이 하우스 웨딩의 가장 큰 매력이다. 이보다 더 매력적인 결혼식이 또 있을까? 장소가 준비되고 하우스 웨딩을 하고 싶은 마음이 충분하다면 하우스 웨딩을 하지 않을 이유가 없을 것이다.

하우스 웨딩
The House Wedding

뻔하고 진부한 예식장 결혼이
싫은 당신에게

    하우스 웨딩을 하기 좋은 조건이 늘어나고 있다는 사실, 아는가? 포털 사이트에 '예쁜 펜션', '테마 펜션'을 검색해 보자. 하우스 웨딩, 홈 파티를 즐긴 커플들의 후기가 주르륵 올라온다. 이쯤 되면 감이 올 것이다. 요즘 하우스 웨딩이 각광 받고 있다는 사실을.

    최근에는 경기도 양평이나 광주, 과천, 양수리 부근의 럭셔리하고 분위기 좋은 펜션에서 하우스 웨딩을 하는 커플들이 늘고 있다. 서울과 멀지 않으면서도 공기 좋고 경치 좋은 곳에서 둘만의 이벤트를 하는 게 얼마나 짜릿하고 즐거운지 아는 커플들이 상당히 많다는 것이다.

    과연 하우스 웨딩에는 어떤 매력이 있을까. 사람들은 왜 하우스 웨딩을 하고 싶어 할까? 지금부터 하나씩 파헤쳐 보자. 이 챕터가 끝날 때쯤이면 당신도 하우스 웨딩을 꿈꾸는 여자가 될지도 모른다.

하우스 웨딩의 매력?

첫 번째, 강요받는 걸 싫어하는 스타일이라면 하우스 웨딩을 더 좋아할 것이다. 옵션을 강요받지 않기 때문이다. 예식장에서 예식을 준비하는 신부들의 경우 옵션 때문에 스트레스를 받는다는 이야기를 종종 한다. 여러 가지 옵션을 강요하는 경우가 많아서다. 그렇지 않은 곳도 있지만, 예식장도 각 업체들을 끼고 하기 때문에 옵션에 대한 이야기가 나올 수밖에 없다.

가장 많은 경우가 원판 스냅처럼 결혼식 당일에 반드시 사진을 찍어야 한다거나, 원치 않는 스타일의 꽃 장식을 꼭 해야 하는 경우들이다. 하우스 웨딩을 하면 본인이 준비를 하는 만큼 자신의 스타일과 감각을 녹여 낼 수 있다는 장점이 있다. 손재주가 좋고 파티 여는 것을 좋아하는 사람이라면 하우스 웨딩에 도전해 볼 만하다.

두 번째, 내가 원하는 음식 메뉴를 자유롭게 정할 수 있다. 야외 파티에서처럼 바비큐를 돌리면서 먹고 싶다면 바비큐를 추가하면 된다. 어르신들이 참석하신다면 축하 떡케이크를 주문하는 것도 좋다. 입맛에 맞는 음식을 언제든 추가할 수 있고, 와인 등의 주류도 마음대로 선택할 수 있다. 하객의 연령대, 분위기를 고려해서 음식을 정할 수 있기 때문에 하객들을 만족시킬 수 있다.

세 번째, 예식장 결혼처럼 시간이 제한된 게 아니므로 다른 결혼식보다 느긋하게 즐길 수 있다. 하우스 웨딩은 시간을 고무줄처럼 늘였다 줄였다 할 수 있다는 장점이 있다. 시간의 제약이 없다는 점 때문에 하우스 웨딩을 선호하는 사람이 많을 거라 생각한다. 두세 시간이면 끝나는 결혼식을 보며 조금 허무하다고 느꼈던 사람이라면 하우스 웨딩이 답이 될 수 있다.

네 번째, 그 누구보다 특별한 추억을 가질 수 있다. 하우스 웨딩은 일반 결혼식 준비보다 시간과 노력이 조금 더 필요한 편이다. 하지만 준비할 사항이 많다고 스트레스를 받게 되면 결혼식은 또 다른 '일'이 된다. 과정을 즐기자. 하우스 웨딩에서는 결혼식 준비 자체를 즐기는 마음이 중요하다. 좋은 장소를 정하면서, 음식을 고르면서, 풍선을 불면서, 하객들의 리스트를 작성하면서, 원하는 스타일을 이야기하면서 신랑과 신부는 서로에 대해 더 자세히 알 수 있게 된다. 몇 년 간의 연애보다 결혼식 준비를 통해 서로를 더 많이 알게 되는 경우가 많다.

원래 크고 어려운 행사를 한번 치르고 나면 관계가 더 두터워지고 애정도 깊어지는 법이다. 조금 번거롭더라도 음식, 음악, 장소, 데커레이션

등을 직접 준비하는 과정이 그 무엇과도 바꿀 수 없는 소중한 경험이 되리라 장담한다.

결혼식은 감사의 자리, 성의 없이 하면 안 되지!
  결혼식은 많은 사람들 앞에서 공식적으로 우리는 부부라고 알리기 위함도 있지만, 가족과 친지, 친구들에게 축복 받고자 함이 크다. 관심과 축복에 감사하는 자리가 바로 결혼식이다. 하지만 두세 시간 만에 끝나는 예식장 결혼식은 어딘가 모르게 부족하게 느껴진다.
  한 가정의 탄생을 축하하는 자리에 걸맞게 결혼식에 공을 많이 들이고 싶다면 시간과 정성을 많이 쏟아야 하는 하우스 웨딩에 기꺼이 한 표를 던지는 바다.

  만약 〈레이첼, 결혼하다〉의 배경이 하우스 웨딩이 아니라 예식장 결혼이었다면 어땠을까? 정신없이 바쁜 예식장에서 서로 눈 한번 마주 칠 시간 없이 결혼식을 진행하고 신혼여행을 떠났다면? 레이첼과 킴에게 화해할 기회는 없었을 것이다. 하우스 웨딩을 하기 위해 쓰는 시간과 정성은 가족에게 쓰는 것과 같다. 가정을 위해 가족을 사랑하는 마음이라면 기꺼이 번거로운 결혼식도 의미 있지 않을까?

하우스 웨딩
The House Wedding

결혼식을 스타일링하자
나만의 하우스 웨딩 만들기

    예식장 결혼을 어떻게 생각하는가? 편리한 교통, 적당히 맛있는 식사, 두세 시간 만에 후다닥 해치우는 예식. 하루에도 서너 쌍의 부부를 탄생시키는 예식장이 결혼식 공장 같다는 느낌을 받았다면, 틀에 박힌 예식장 결혼 말고 뭔가 새로운 결혼식을 꿈꾼다면 하우스 웨딩을 알아보자.
    하지만 고민이 될 것이다. 보편화되어 있지 않은 터라 하우스 웨딩은 왠지 어려울 것 같다는 걱정이 머릿속을 가득 채울지도 모른다. 걱정하는 분들을 위해 미리 조언을 하나 하겠다. 하우스 웨딩을 생각하는 예비 신랑 신부라면 우선 웨딩플래너에게 자문을 구하는 것이 바람직하다. 결혼식은 일생에 한 번이고 수많은 하객들을 모시고 치르는 중요한 행사인 만큼 실수는 치명적이다. 이 책을 보고 하우스 웨딩을 하겠다고 무작정 뛰어들었다가 결혼식을 망쳤다며 원망할까 봐 무서워서 한 번 더 강조하겠다.

하우스 웨딩을 꿈꾼다면 웨딩플래너에게 맡기자. 결혼식을 원활하게 진행할 수 있을 것이다. 어렵지 않을까 걱정하면서 두려움과 기대를 안고 포털 사이트에 '하우스 웨딩'을 검색하는 당신, 여기로 오라. 지금부터 하우스 웨딩 준비 방법을 함께 알아보자.

하우스 웨딩을 하고 싶다고? 장소부터 정하자!

하우스 웨딩을 준비할 때 가장 먼저 고려할 것은 장소다. 장소 섭외가 가장 먼저 진행하는 순서다.

하나, 전원주택을 갖고 있다면 오케이!
둘, 전원주택 소유자와 친분이 있어 빌릴 수 있다면 오케이!
셋, 전원주택 소유자와 전혀 연고가 없는데 하우스 웨딩을 하고 싶다면 적당한 펜션을 빌리자!

하객들은 고대한다, 맛있는 음식을!

　장소 섭외가 끝났다면 그 다음은 피로연 음식 준비. 하객의 입을 즐겁게 해 줄 음식은 결혼식의 패를 좌우하는 중요한 요소 중 하나다. 하객 수가 적다면 신랑 신부가 직접 만들 수 있겠지만, 그렇지 않은 경우라면 출장 뷔페를 생각하는 것이 가장 현명하다. 다른 것들을 챙기기에도 버거우니 말이다. 사실 장소와 음식이 있으면 반은 준비된 것이니, 이 두 가지 조건만 충족된다면 결혼식의 기본 준비는 다 된 것이나 다름없다.

　출장 뷔페를 부르면 몸이 편하다. 버진 로드용 의자와 단상, 패브릭 등을 함께 대여해 주기 때문에 일일이 신경 쓰지 않아도 된다. 업체에 따라서는 마이크와 앰프도 제공한다.

　하객을 위한 의자는 업체에 따라서 무료로 대여해 주거나 개당 천 원에서 5천 원까지 받는 곳도 있을 정도로 다양하다. 그러니 여러 업체를 비교하고 주문하자.

　야외 공간이 있다면 바비큐를 돌리는 것도 좋다. 야외 결혼식을 한다고 하면 하객들도 바비큐 파티를 한 번쯤 생각할 수 있으니까. 음료와 주류는 마트에서 장을 봐서 준비해 놓으면 좋다.

　찬 음료는 미리 차게 해 두어야 하므로 며칠 전에 장을 봐야 한다. 냉장고와 아이스박스, 욕조에 물을 채워서 음료를 담아 두는 등 모든 방법 등을 총동원해서 차게 해 두어야 한다. 왜 이렇게 찬 음료에 집착하냐고? 미지근한 맥주를 마시는 것만큼 싫은 것도 없지 않은가. 출장 뷔페 업체에 얼음을 추가로 주문하면 결혼식 당일에 찬 음료를 준비할 수 있으니 참고하기 바란다.

 음료와 주류를 외부 반입하더라도 컵과 잔은 필요하므로 음료 잔, 맥주 잔, 소주 잔, 와인 잔 등을 뷔페 업체에 제공해 줄 것을 확인해야 한다.

 뷔페 업체를 정하고 음료와 주류, 식기 등을 준비했다면 업체에서 제공해 주는 기본 도구들(의자, 단상 등)을 확인해야 한다. 그리고 제공되지 않는 것들이 있는지 꼼꼼히 확인해야 한다. 만일 빠진 것들이 있다면 업체에 수시라도 연락해서 체크하도록 하자.

분위기를 띄울 때 꼭 필요한 음악!

 그다음 결혼식에서 빠질 수 없는 것은 바로 음악이다. 신부가 입장할 때 음악이 없는 건 상상할 수 없는 일이다. 음악을 라이브로 연주한다면 축하 연주 업체에 주문을 넣으면 된다.

 시세는 업체에 따라 조금씩 다르지만 피아노 삼중주, 현악 삼중주 정도를 기준으로 30만 원 미만의 비용이 든다. 앰프와 스피커가 훌륭히 준비되어 있는 게 아니라면 현악기를 활용하는 게 좋다. 현악기들은 보통 스피커를 통하지 않고도 소리가 멀리 퍼지는 특성이 있다. 또한 악기 운반도 양호한 편이니 일석이조다.

하지만 앰프와 스피커는 꼭 필요하다. 애프터 파티를 위해서다. 음악이 파티의 분위기를 얼마나 좌우하는지 설명하지 않아도 알 수 있을 것이다. 마이크와 앰프 등은 출장 뷔페 업체에서 대여해 주는데, 만약 여의치 않다면 축하 연주 업체에 연락해서 대여 가능 여부를 알아보자. 이때 반드시 보면대를 챙겨야 한다는 점 잊지 말자.

애프터 파티 때 음악을 계속 틀어야 하는데 보통 CD에 미리 구워서 준비하는 게 좋다. 음원을 다운 받아 리스트를 만드는 것도 방법.

음악은 신랑 신부가 준비하는 것이 좋지만, 분위기 맞춰 가며 음악을 신경 써서 틀고 관리해 주는 사람이 따로 있는 것이 편하다. 인사 나눌 사람이 줄을 서 있는데 음악 재생 버튼 누르고 있을 여유는 없을 터. 음악적 감각이 있는 친구에게 부탁한다면 파티 진행이 한결 수월할 것이다.

내 스타일대로 꾸미자, 데커레이션

그 다음은 데커레이션. 신부라면 이 부분 때문에 하우스 웨딩에 엄청난 욕심을 낼 것이다. 준비물은 꽃, 조명, 오브제다. 데커레이션을 하기 전에 가장 먼저 할 것은 우선 그 결혼식의 전체적인 콘셉트다. 하객의 비중이 어른들이 더 많은지 친구들이 더 많은지 살펴봐야 하고 계절이나 장소의 분위기도 고려해야 한다. 하지만 하우스 웨딩에서 콘셉트를 정할 때 있어 가장 중요한 것은 '내 맘대로'다. 그러니 평소 본인이 좋아하던 꽃과 색을 총동원해서 만들면 된다.

꽃 장식을 중요하게 여기는 예비 신부들을 위한 팁을 하나 소개한다. 꽃은 플로리스트에게 맡겨야 한다는 점이다. 기술이 필요하기 때문이다. 전문가의 손길이 닿은 것과 그렇지 않은 것은 큰 차이가 있다.
  또한 일반인이 구입할 때와 업자가 구입할 때의 가격은 차원이 다르니 꽃은 플로리스트 전문 업체에 맡기는 것이 현명하다.

노을 지는 오후의 낭만, 초저녁 예식

  한국의 결혼식은 점심 시간대에 진행하는 것이 일반적이다. 결혼식이 짧게 진행되기 때문. 하지만 하우스 웨딩의 경우는 하객들이 식만 보고 가는 것이 아니라 다 같이 어울려 자유롭게 파티를 즐긴다는 느낌이 강하기 때문에 예식장 결혼보다 시간이 길어질 수 있다. 하우스 웨딩에서는 저녁 예식을 하는 것도 나쁘지 않다. 어두운 저녁을 빛내는 조명은 분위기를 더욱 드라마틱하게 만든다.
  야외 결혼식을 할 때 바람이 너무 불거나 햇볕이 너무 뜨거우면 식사를 하기 어려울 수 있다. 또한 봄과 여름의 직사광선은 얼마나 따가운가. 하객들의 짜증 지수가 올라가는 걸 사전에 막는 방법은 초저녁 예식이 아닐까 싶다. 초저녁 어스름에 노을 지는 시간에 맞춰 식을 올리고 피로연을 하는 것을 권한다.

주차 요원 섭외하기

조언 하나 더 하자면 발레파킹을 하거나 주차 안내를 할 사람이 필요하다는 것 잊지 말자. 하객들이 많이 오는데 주차 공간에서 자동차끼리 꼬여 버리면 결혼식을 시작하기도 전에 엉망진창이 될 수 있다. 결혼식장에 들어가기도 전에 '내 차 먼저다, 내 차가 더 빨리 왔다.' 하며 싸움이 난다면 무슨 망신인가. 어차피 출장 뷔페 업체에서 인력을 준비해서 올 테니 사전에 준비하도록 하자.

자, 이제 웨딩플래너, 출장 뷔페 업체, 플로리스트가 정해졌다. 업체가 정해진 후에는 결혼식을 올릴 장소에서 다 같이 미팅을 하는 것이 좋다. 장소를 미리 둘러보면 각 업체가 자기 분야에 맞춰 더 준비할 것과 덜 준비할 것을 찾고 공유하게 되기 때문이다. 로맨틱한 것도 좋지만 하객들을 초대하는 결혼식이 혼란스럽고 준비가 덜 되어 있으면 절대로 안 되니 말이다.

하우스 웨딩, 이렇게!

하우스 웨딩이라고 해서 꼭 내가 먹고 자는 집에서 하라는 법은 없다. 예식을 할 만한 장소와 여건이 되는 곳은 얼마든지 있다. 언급했다시피 펜션 같은 널찍한 장소를 찾아도 좋지만 서울 한복판에서도 하우스 웨딩을 진행하기 좋은 곳들이 많다. 주로 하우스 웨딩 전문 업체라고 할 수 있는데, 규모마다 가격이 다르기 때문에 일괄된 금액 테이블로 생각하면 오차가 크다. 규모별, 스타일별로 다음의 업체들을 참고해 보자.

1. 더 그레이스 THE GRACE

도심 한가운데 유럽의 저택을 재현한 전문 하우스 웨딩 업체다. 웅장한 라이브 음악과 클래식한 분위기가 장점이다. 복층 구조로 되어 있어 영화 속 한 장면을 연출하기에 딱 좋은 로맨틱 장소다.

수용 인원: 최대 200명
식사 및 대여 비용: 200명 기준 약 1200만 원
홈페이지: www.gracehall.co.kr
주소: 서울 강남구 역삼동 696-39번지 영신빌딩
전화: 02-555-8600

2. 더 베일리 하우스 The Bailey House

대저택의 여유로움을 재현한 곳으로서 개인의 취향과 결혼 본연의 의미를 담은 품격 있는 결혼식을 모토로 한다. 샴페인, 웨딩케이크, 본식

DVD, 플라워 장식 등 전반적인 서비스 제공을 기준으로 대관료를 예상하면 된다.

수용 인원: 기본 250명 기준
식사 및 대여 비용: 1인 기준 코스 약 10만 원 내외
식사 포함 대여 약 2천만 원 부터
홈페이지: www.baileyhouse.co.kr
주소: 서울 강남구 삼성동 168-3번지
전화: 02-539-2956

3. 바하하우스 Bach House

프라이빗하고 로맨틱한 결혼식을 꿈꾸는 이들에게 어울리는 유럽식 하우스 웨딩 장소. 아늑하고 정갈한 나만의 웨딩을 꿈꾸는 커플에게 좋은 곳이다. 데코레이션에서 사용되는 플라워 장식은

오직 생화로만 고집하여 멋과 분위기를 고급스럽게 연출하는 것이 장점.

수용 인원: 최대 350명까지 가능
식사 및 대여 비용: 1인 기준 약 4, 5만 원, 식사 포함 대여 약 2천만 원 이상
홈페이지: www.bachhouse.co.kr
주소: 서울 강남구 역삼동 625-4번지
전화: 02-555-4133

축하 연주
The Love Song in Wedding

결혼식을 드라마틱하게 만드는 비밀, 축가

러브 액츄얼리
Love Actually, 2003

    성시경과 유리상자의 공통점이 있다면? 뿔테 안경을 썼다는 것, 부드러운 이미지라는 것? 물론 다 맞겠지만 우리나라에서 결혼식 축가 가수 넘버원을 다투는 가수라는 점이다. 결혼식 축가에는 부드럽고 자상하게 생긴 오빠들이 제격. 사랑의 서약을 하고 주례사가 이어지면서 딱딱해진 분위기를 말랑하게 만드는 것이 축가니까!

    혼주 입장부터 화촉 밝히기, 신랑과 신부 입장, 혼인 서약, 성혼 선언, 주례사까지 정말 길고 지루한 식 분위기를 즐겁게 바꾸는 것은 누가 뭐래도 축가다. 요즘에는 축가가 결혼식의 이벤트로 자리매김하는 추세. 어르신들이 많이 계신 자리에서 축가로 이벤트를 할 수 있냐고? 할 수 있다! 왠지 못 믿겠다는 눈빛으로 이 글을 읽는 분을 위해 축가 이벤트가 멋지게 나오는 영화 하나를 소개한다. 모두 알 만한 영화의 한 장면을 그려 볼 테니 함께 상상해 보길.

긴장한 두 청년이 화면 가득 등장한다. 오른쪽 청년이 왼쪽 청년에게 물어본다.
"깜짝쇼 아니지?"
왼쪽 청년은 절대 아니라며 오른쪽 청년을 안심시킨다. 오른쪽 청년이 변태쇼, 총각 파티 등을 준비한 것은 잘못이었다고 다시 한번 더 확인하는 것을 보아하니 오른쪽 청년이 신랑인가? 왼쪽 청년이 오른쪽 청년에게 행운을 빈다.

아, 이들은 들러리와 신랑이었던 것. 천사라도 등장할 것 같은 찬란한 빛과 함께 아름다운 금발의 신부가 등장한다. 듣기만 해도 마음이 설레는 크리스마스 캐럴이 울려 퍼지고 분위기는 점점 클라이맥스를 향해 달려간다.

어느덧 신부님께서 신랑과 신부에게 부부가 되었음을 선언하고 신랑은 신부에게 키스한다. 밝고 따뜻한 분위기의 성당. 결혼식은 유쾌한 분위기로 마무리 되는 듯했으나 갑자기 어디선가 합창 소리가 들린다.

합창 소리의 근원지는 복층 구조로 된 성당 2층. 하얀 커튼이 걷히자 양쪽에서 합창단들이 행복에 겨워하는 신부를 향해 노래를 부른다.

"Love, Love, Love."

두 합창단 가운데에 가수 뺨치게 노래 잘하는 남자가 나와서 우리에게 필요한 것은 사랑뿐이라는 달콤한 가사를 읊는다. 피아노와 현악기들의 우아한 연주가 이어지고 신랑 신부는 함박웃음을 짓는다. 놀라움과 행복에 어쩔 줄 몰라 하는 두 사람. 그때 자리를 박차고 일어나는 트럼펫의 소리가 경쾌하게 울려 퍼진다.

"빠빠라라라빰~ All U need is love! 빠빠라라라라라"

감동 받은 신부는 신랑에게 이 축가를 직접 준비했냐고 물어보지만 이 감동적인 이벤트는 신랑이 아닌 그의 친구가 준비한 것. 신랑과 신부가 행복해 할 때, 이벤트를 준비한 신랑 친구와 주례를 본 신부님은 하이파이브를 하며 이벤트가 성공적으로 끝난 것을 기뻐한다.

이쯤 되니 여러분이 아, 하! 하는 소리가 들린다.

크리스마스 시즌이 되면 길거리, 카페, 레스토랑에서 무한 반복되면서 통과의례처럼 보는 영화, 바로 로맨틱 코미디의 대명사로 거듭난 〈러브 액츄얼리〉다. 로맨틱 코미디의 역사는 〈러브 액츄얼리〉 개봉 전과 후로 나뉜다고 할 만큼 훌륭한 영화다.

개봉된 후 영화가 히트를 하면서 수없이 패러디 되었고 많은 아류작이 나왔다. 특히 감동의 눈물 쏙 빠지는 이벤트를 준비한 신랑의 친구가 자신 절친의 신부에게 마음을 들키고 나서 부활절 밤에 스케치북에 가슴

러브 액츄얼리_ 축하 연주

절절한 고백을 하는 장면은 드라마, 코미디, 영화, 광고에서 전 세계를 통틀어 몇만 번은 리바이벌 되었을 것이다.

〈러브 액츄얼리〉가 오랫동안 사랑 받는 이유는 '음악'의 힘이 크다. 적재적소에 터져 주는 축가, OST는 우리의 귀를 만족시켜 준다. 특히 '이벤트'라는 미명 하에 자신의 마음을 담아 고백하는 축가는 〈러브 액츄얼리〉를 빛내는 일등 공신이라 할 수 있다. 결혼식의 분위기를 좌우하는 요소는 다름 아닌 '축하 연주'라는 걸 다시 한번 확인할 수 있는 영화다.

축하 연주의 놀라운 힘을 알겠는가? 신랑에게, 신부에게 혹은 하객들에게 깜짝 이벤트를 선사하고 싶다면 축가를 특별하게 준비해 보자. 분명 모두에게 잊지 못할 시간이 될 것이다.

축하 연주
The Love Song in Wedding

결혼식의 미친 존재감, 축가

결혼식은 신경 쓸 일이 참 많다. 신부의 드레스 끝자락, 신랑 턱시도의 숄더 패드, 축의금 관리, 혼주들의 표정 관리, 하객들을 위한 식사……. 여기에 하나 더 추가하라고 하면 축하 연주를 꼽을 수 있다. 주례사가 끝나면 나오는 게 당연히 축가지만, 막상 축가가 별로면 소위 '분위기 깬다'라는 말이 자연스럽게 나오기 때문이다. 하지만 결혼식을 준비할 때 챙겨야 할 것들이 워낙 많은 터라, 축가에 많은 신경을 쓰지 않는 신랑 신부들이 대부분이다.

다른 나라 결혼식 사정은 어떨까? 결혼식에서 축가가 차지하는 비중은 어느 정도인지 살펴보자. 미국, 일본, 중국 등 많은 나라에서 결혼식은 곧 파티라고 생각하는 경우가 많으며, 이 때문에 음악을 꼼꼼히 준비한다.

미국 같은 경우는 '웨딩 싱어'라는 축가 전문가가 있다. 이들은 밴드로 구성되어 결혼식 피로연에서 연주와 노래를 한다. 일본의 경우도 결혼식에서 축가에 공을 많이 들이는데, 주로 친구들을 동원하는 편이다. 시작 전부터 중간 중간 계속해서 축가가 곁들여지는 스타일이다.

반면 우리나라는 축하 연주는 MR로 대체하는 편이고, 실제로 축하 전문 연주자를 부른다고 하더라도 한 곡 정도만 부르는 경우가 많다. 그나마도 생략하는 경우가 있으며, 간혹 축가에 신경을 쓰는 결혼식이라고 해도 2곡 정도다.

축가를 결혼식의 중요한 요소로 여기는 다른 나라와 달리 왜 우리나라 결혼식에서는 축가가 홀대받는 걸까. 이유는 '결혼식 시간을 줄이기 위해서'인 것 같다.

결혼식에 참석하는 하객들을 둘러보자. 하객석에 혼주, 가족, 친척, 친구들만 있지는 않을 것이다. 비즈니스로 얽힌 사람들, 한 다리 건너 아는 사람들, 받은 축의금 혹은 받을 축의금 때문에 어쩔 수 없이 참석한 사람들로 수두룩하다. 황금 같은 주말을 쪼개 식장을 찾은 하객들에게 결혼식이 긴 건 딱 질색이다. 신랑 신부가 어떻게 만나서 결혼을 하게 되었는지 사실 관심 없다. 교통 편한 예식장에 가서 맛있는 식사 한 끼 하고 오려는 하객들이 대부분. 냉정한 것 같지만 어쩔 수 없는 사실이다.

하지만 축가는 꼭 필요하다. 아무리 하객들이 시간 끄는 걸 싫어한다고 해도, 아름다운 축가가 울려 퍼지는데 그걸 듣기 싫다며 귀 틀어막을 사람은 아무도 없다. 성대하게 울려 퍼지는 축가는 결혼식 분위기를 가장 돋우는 순서다.

〈가족 오락관〉에서 단어 알아맞히기 게임을 한다고 생각해 보자. 제시 단어는 '결혼식'이다. 어떻게 설명할 건가?

"딴딴따딴 딴따따딴~"

결혼 주제곡부터 나오지 않는가. 결혼식에 음악이 얼마나 중요한지 알려주는 예시다. 신부의 웨딩드레스, 신랑의 턱시도만큼 결혼식의 분위기를 좌우하는 게 축가라는 뜻이다.

〈러브 액츄얼리〉를 보면 알겠지만 누가 뭐래도 이 영화는 깜짝쇼로 준비된 축하 연주가 백미다. 그래서 관객들을 집중시킬 임무를 띠고 영화의 도입부에 배치되었던 것이다. 합창단의 축가, 가수 뺨치는 친구의 독창, 현악기와 관악기의 향연이 이어지는 이 장면을 보면서 많은 사람들은 말한다.

"아, 나도 이런 축가 있는 결혼식 하고 싶다!"

우리가 현실에서 결혼식에 많은 시간을 뺏기기 싫어하는 하객들이 있는 결혼식장에서 그런 축하 연주를 하려면 어떻게 할지 고민해 보자. 굉장히 개방적인 성당과 융통성 있고 마음이 열려 있는 신부님, 그리고 신부를 짝사랑해서 극적인 이벤트를 만들려는 신랑의 친구, 어려서부터 기타와 피아노를 배워 악기 한두 개는 식은 죽 먹기처럼 다루는 친구들이 한 트럭 있어야만 가능한 걸까. 크리스천이 아닌 신랑, 신부들은 걱정하고 있을 지도 모르겠다.

하지만 그럴 필요 없다. 성당이 아니어도 멋지게 축가를 연출할 수 있다. 영화 속 분위기의 복층 구조를 가진 훌륭한 장소가 있기 때문이다. 어디에 있냐고? 뒤에 이어질 파트에서 본격적으로 다룰 테니 쭉 정독해 주시길. 원하는 그 분위기를 가진 로맨틱 이벤트계의 핫 플레이스를 소개한다.

축하 연주
The Love Song in Wedding

음악으로 만드는 결혼식, 축하 연주 준비의 모든 것

아무리 차가운 심장을 가진 사람이어도 프러포즈의 진수를 보여주는 축가 이벤트를 보고 나면 나직하게 말하게 된다.
"아, 빨리 나도 결혼하고 싶다!"
 그냥 배경 음악인 것 같고, 별 거 아닌 것 같지만 축가가 주는 감동은 의외로 크다. 영화 〈러브 액츄얼리〉의 축가 이벤트가 부러운가? 내 결혼식에서도 이렇게 해 보고 싶은 마음이 드는가? 축하 연주를 현실에서 멋들어지게 활용하고 싶다면 결혼식 서너 달 전에 미리 계획을 짜야 한다. 보통 결혼식 축하 연주를 준비할 때 주로 생각하는 방법을 소개한다.

첫 번째, 예식 장소에 앰프 시설이나 공간 등을 확인해서 어느 정도 규모로 연주할 수 있는지 확인한다.

두 번째, 결혼 준비를 돕고 있는 웨딩플래너 혹은 예식장에 문의해서 축하 연주 구성에 따른 견적을 받는다.

세 번째, 예산에 맞추어 구성 요소를 조율한다.

네 번째, 축가는 몇 곡을 할 지 정한다(요즘은 보통 두세 팀 정도 한다).

다섯 번째, 원하는 규모, 분위기의 축하 연주를 정한다. 장르는 클래식, 재즈, 팝 등 본인이 좋아하는 장르를 고르면 된다. 축가로 정해진 곡들과 어울리는 악기 구성을 고르는 것도 좋겠다.

너무 복잡하다고? 그렇지 않다. 지금부터 준비할 것들을 차근차근 생각해 보자.

하나, 꼭 성당에서 해야 하나요?

〈러브 액츄얼리〉의 예식 장소는 성당이었다. 그러면 질문이 생길 수 있다.

"그러면 저도 성당에서 해야 하나요? 천주교 신자도 아닌데……."

걱정 뚝! 성당이 아니어도 괜찮다. 〈러브 액츄얼리〉에 나오는 분위기의 복층 구조를 가진 장소가 있기 때문이다. 그 중 한 곳은 논현동에 위치한 빌라 드 베일리.

● 빌라 드 베일리

휴양지의 여유로움이 느껴지는 빌라 드 베일리는 외관이 웅장하고 멋스러워 인기가 좋은 곳이다. 높은 돔 천장과 단상 뒤로 흘러내리는 은은한 물줄기가 매력적이다. 또한 채플 가든으로 이어지는 계단에서의 플라워 샤워는 로맨틱한 감동을 더해 줄 것이다.

이곳은 천장 높이가 무척 높다. 영화에서 보이는 것보다 훨씬 큰 공간일 수 있다. 그러니 이곳에서 이벤트를 하려면 하객이 어느 정도 있어야 한다(빌라 드 베일리의 지불 보증 인원은 4백 명).

주소: 서울시 강남구 논현동 6-2
전화: 02-517-9563

실제 성당이나 교회에서 그런 분위기를 낼 수 있는 곳들은 또 어디 있을까? 성당, 교회, 예식장을 엄선해 소개한다.

● 교회: 사랑의 교회

사랑의 교회. 교회 예식을 원하는 예비 신랑 신부들로 붐비는 교회다. 여기서 예식을 올리려면 교회에서 원하는 몇 가지 자격이 필요하다. 자격은 예식 추첨일을 기준으로 6개월 전에 신자 등록한 등록교인으로, 신랑과 신부 중 한 명 이상 세례교인이어야 한다.

예식 시간은 토요일 오후 12시, 2시, 4시 3회로 한정되어 있다. 신랑과 신부가 추첨을 통해 순번을 뽑고, 1번을 뽑은 신랑 신부부터 원하는 예식 날짜를 결정한다.

주소: 서울시 서초구 서초4동 1310-16
전화: 02-3479-7706

● 성당: 천주교 서초3동 성당

큰 규모는 아니지만, 작지 않은 크기에 깨끗하고 고급스럽다. 지하 3층부터 지상 3층까지 있고, 옥상에 예쁜 정원이 있다. 성당 내부 2층에는 성가대 좌석이 있어 축하 연주를 하기 적합하다.

주소: 서울 서초구 서초동 1535-8번지
전화: 02-582-3485

● 예식장: 애니버서리 청담

전관을 독점해서 하우스 웨딩을 할 수 있는 구조라 럭셔리한 웨딩을 꿈꾸는 신랑 신부에게 인기가 좋은 예식장이다. 로비와 피로연장, 채플, 신부 대기실, 폐백실이 있으며, 이곳 역시 복층 구조다. 우아하고 세련된

인테리어로 많은 각광을 받고 있
다. 식대는 양정식 약 5만 원에서 9
만 원.

주소: 서울시 강남구 청담동 131-11
전화: 02-545-1004

둘, 깜짝쇼를 위한 준비물 챙기기

　축하 연주라고 하면 왠지 많은 것들이 필요할 것 같지만, 하나씩 챙겨서 보면 그리 어렵지 않다. 악기 구성과 합창 구성을 먼저 생각해 보자.

　악기 구성은 금관 악기 최소 6종으로, 최소 6명 이상의 중창단이면 좋다. 물론 영화처럼 합창단으로 가면 좋지만 금전적인 문제가 있다.

　위에서 복층 구조로 된 장소는 찾아놨으니 악기 배치와 중창단 배치를 고민하면 되겠다. 악기는 2층에 배치해야 한다. 중간에 나올 솔로도 적절하게 숨겨야 하니까.

　여기에 약간의 디렉팅이 필요한데 영화에서처럼 큰 감동을 주려면 반드시 깜짝쇼로 준비해야 한다는 것이다. 어렵게 준비해 놓고서 너무나 정직하게 축가 타이밍에 '〈러브 액츄얼리〉처럼 정성껏 준비한 축가 이벤트'라고 친절히 소개까지 한다면 감동은 당연히 반감되고 놀라움이 없으니 그리 큰 이슈도 되지 못할 것이다.

예를 들어 식이 끝나고 "신랑, 신부 행진!"이라고 외치고 행진하기 전쯤 갑작스런 암전과 함께 바로 뒤 이어 들리는 "Love, Love, Love!."
하객 모두 어리둥절하고 있을 때 조명이 합창단을 비추면서 서서히 밝아지고 음악이 점점 더 울려 퍼지는 식의 디렉팅이 있어야 할 것이다.

셋, 비용은 어느 정도일까?

이렇게 하려면 어느 정도의 비용이 드는 지 궁금해 하는 분들이 많을 것이다. 음악을 할 줄 알고 악기를 다룰 줄 아는 친구들이 여럿 있다면 훨씬 쉬워지겠지만 그렇지 않다면 축하 전문 연주 업체를 통해 섭외를 해야 한다.

웨딩플래너에게 의뢰하여 준비를 하고 있다면 웨딩플래너에게, 그렇지 않다면 예식장에 의뢰하면 축하 연주를 하는 업체와 쉽게 연결할 수 있다. 이왕이면 더 정확하게 콘셉트를 얘기하고 내가 원하는 바에 대해서 정확히 밝히는 게 좋다.

금관 연주자들과 중창단 그리고 솔로 한 명까지 넣었을 때 150만 원부터 250만 원까지 다양한 금액이 나올 수 있다. 몇 군데 업체를 비교해 보고 견적을 내는 것이 좋다. 여러 명을 쓰는 거니까 약간의 가격 협상이 있을 수 있으니 조율해 보도록.

금액이 너무 부담스러운가? 그럴 수 있다. 결혼식에는 워낙 많은 돈이

들어가니까 당연히 부담스러울 수밖에 없다. 우리 정서에 축하 연주에만 100만 원이 넘는 금액을 쓴다는 것은 쉬운 일이 아니다.

그렇다면 이렇게 해 보는 건 어떨까? 악기를 연주하는 친구를 두는 건 현실적으로 어려우니 전문 연주가를 부르자. 그리고 멋들어지게 하려면 솔로 가수도 있어야 하니 메인 가수는 업체에서 부른다. 그리고 합창단 부분만 친구들로 구성하는 것이다. 친구들에게 부탁을 하고 악보와 MR(인터넷에서 구할 수 있다)을 구해서 미리 나눠 주고 각자 연습을 시킨다. 한두 번 만나서 해 보고 식장에서 예식 시작 전 리허설을 하면 축가 진행을 하면 된다.

연습이 부족해도 문제가 되진 않는다. 오히려 아는 친구들이니 가창력이 떨어지더라도 웃으며 들을 수 있고 더 큰 감동을 줄 수 있으니 말이다. 여기에 노련한 솔로 가수가 곁들여지면 마치 굉장히 유명한 가수와 아이들 합창단이 함께하는 것처럼 보이는 장점이 있다. 그러면서 비용도 반값으로 줄일 수 있으니 일석이조!

마지막으로 이렇게 축가를 치밀하게 준비했을 때 예식 진행을 담당하는 제작진들과 꼭 손발을 맞춰야 한다. 예를 들어 조명을 바꾸거나 소리를 조절하거나 해야 할 때 평소와 다른 진행에 익숙하지 않은 스태프들이 실수를 할 수 있기 때문이다.

넷, 방법은 무궁무진! 내가 하는 축가가 가장 좋은 거야!

각 과정에서 어떻게 해야 좋을지 감이 오지 않는다면 전문가와 상의하는 것이 좋다. 요즘은 전문 가수, 뮤지컬 배우, 성악인 등 음악인에게 축가를 맡기는 경우가 많은데, 만약 그럴 경우 신랑 신부와 직접적인 연관이 있는 사람이 한 곡을 더 하는 것이 좋다.

가창력과 상관없이 더욱 짜릿한 감동이 있을 수 있기 때문이다. 가족이나 친구 들이 부르는 조금 엉성하고 부족한 축가 이후 훌륭한 가창력의 가수가 나와서 축가를 부르는 것도 좋겠다.

전문가의 축가는 팝페라나 오페라, 또는 뮤지컬이 좋다. 뮤지컬 곡을 부르면 하객들의 반응이 무척 뜨거운데, 가사 전달력이 좋고 라이브로 흔히 들을 수 있는 음악이 아니어서 그런 듯하다.

최근 결혼식장에서는 신랑이 직접 축가를 부르는 경우를 종종 볼 수 있다. 신랑의 진실한 모습을 보여 줄 수 있다는 매력이 있기 때문이다.

하지만 이 경우는 신랑이 연습을 많이 해 두는 게 좋다. 신랑은 결혼식의 주인공이기 때문에 음 이탈 등이 생기게 되면 재미있는 것보다는 조금 무안해질 수 있으니 말이다.

조금 특이한 축하 연주를 하고 싶다면 중창단을 활용하는 것도 좋다.

입장과 퇴장 시에 중창단의 웅장한 합창에 맞춰서 꾸미는 것도 멋지다.
　스피커 시설만 좋다면 국악도 추천한다. 언젠가 임패리얼 팰리스 호텔에서 열렸던 결혼식에서 축가로 사랑가를 들은 적이 있는데 하객 모두 몰입해서 들었던 기억이 있다.

　만약 야외 결혼식이나 하우스 웨딩, 혹은 전통 혼례를 생각하고 있다면 상쇠의 상모돌리기가 멋진 사물놀이 공연을 해도 특이하다. 사물놀이를 직접 본 사람들이 많지 않을 터. 실제로 보게 되면 웬만한 비보이 공연보다 다이내믹하고 볼거리가 많아서 관객들의 이목을 끌 수 있다. 하객이 하나가 되어 즐기다 보면 결혼식의 분위기는 고조될 것이다.

음악은 영화에서 없어서는 안 될 요소지만 결혼식에서도 마찬가지다. 음악에 따라 생각이 바뀌고 마음이 흔들리기 마련. 좀 더 드라마틱하고 특별한 것도 좋지만 소박하고 덜 드라마틱하더라도 애정이 듬뿍 담긴 축가와 축하 연주를 하면서 따뜻하고 감동 있는 결혼식을 하기 바란다.

결혼식장을 녹이는 축가 BEST 20

축가는 또 다른 청혼이다. 결혼식장을 더욱 로맨틱하게 만드는 축가. 아름다운 가사와 멜로디, 진심을 담은 목소리는 영원한 사랑을 약속하는 데 꼭 필요하다. 축가 때문에 고민하고 있는 신랑 신부들을 위해 특별히 준비한 것이 있다.
결혼식장에서 가장 많이 부르는 축가 스무 곡을 엄선했다. 자신의 스타일에 맞는 곡을 미리 연습해 두었다가 결혼식에서 직접 불러 보자. 감미로운 목소리로 신랑 혹은 신부와 눈을 맞추며 부른다면 결혼식장은 감동의 물결이 될 것이다.

국가대표 축가 선수

♥신부에게(노래: 유리상자, 작사: 이세준, 작곡: 박승화)
결혼식 축가를 떠올리면 가장 먼저 떠오르는 곡. 〈신부에게〉라는 제목은 결혼식 축가를 위해 태어난 것 같다. '약속할게요 더 이상의 외로움 없을 거란 걸'이라는 가사는 영원한 사랑을 약속하는 자리에 제격이다. 유리상자처럼 부드러운 목소리로 부른다면 감동 받은 신부의 모습을 볼 수 있을 것이다.

♥사랑의 서약(노래: 한동준, 작사: 김광진, 작곡: 김광진)
결혼식 축가의 스테디셀러라 해도 과언이 아닌 노래다. 〈무한도전〉 멤버인 개그맨 정형돈이 본인의 결혼식에서 직접 신부에게 불러 화제가 되었다. 후에 노홍철이 다시 힙합 스타일로 리메이크했지만 가사에 실린 진실한 마음은 언제 들어도 뭉클하다.

♥ 다행이다 (노래: 이적, 작사: 이적, 작곡: 이적)

몇 년 전부터 대한민국 남자들의 축가 넘버원으로 자리 잡은 이적의 〈다행이다〉. 이적이 자신의 아내에게 청혼할 때 전화로 불러 줬던 노래라고 한다. 중저음의 목소리로 '그대라는 아름다운 세상이 여기 있어 줘서 고맙다'고 하는데 눈물 흘리지 않을 신부가 어디 있을까?

♥ 청혼 (노래: 노을, 작사: 방시혁&박채원, 작곡: 권태은)

'울지 말아요. 고갤 들어 봐요. 이젠 웃어 봐요. I will make you smile. 행복만 줄게요. 언제나 그대 곁에서 영원히. 모두 잘 될 거예요' 노래 제목 그대로 청혼의 의미를 담은 가사는 많은 예비 신랑들이 불렀다. 팍팍한 현실 속에서도 모두 잘 될 거라며 웃어 주는 신랑이 있다면 그 무엇도 두렵지 않다. 4명이 함께 부르는 노래이므로 혼자 부르는 것보다는 두세 명이서 함께 부르는 것이 좋다.

♥ 결혼해 줘 (노래: 임창정, 작사: 김형석, 작곡: 김형석)

임창정의 맑고 애절한 목소리로 결혼을 고백하는 남자의 떨리는 마음을 잘 표현하는 곡이다. 너의 마지막 사랑이 될 거라고 말하는 남자에게 어찌 마음이 동하지 않을까? 설레는 마음으로 결혼하자고 말하는 남자의 순수한 마음을 확인할 수 있다.

♥ 감사 (노래: 김동률, 작사: 김동률, 작곡: 김동률)

연인에게 온 마음을 다해 사랑을 바친다는 가사는 전율을 느끼게 한다. 현악기 4중주의 아름다운 선율로 분위기를 더욱 드라마틱하게 만들 수 있다.

♥두 사람 (노래: 성시경, 작사: 윤영준, 작곡: 윤영준)

도란도란 함께 이야기 나누며 마음을 기댈 수 있는 사람이 있다는 건 얼마나 행복한 일일까? 성시경의 목소리로 완성된 이 노래는 고된 일상 속에서 함께 걸어가며 행복을 나누자는 메시지로 따뜻한 감동을 선사한다.

♥You raise me up

(노래: Westlife 작사: Graham Brendan Joseph, 작곡: Loevland Rolf U)

수많은 가수들이 리메이크 하면서 더욱 유명해진 곡이다. 영화 결혼식 축가로 부를 때 팝페라 분위기를 내면 더욱 좋다. 당신 덕분에 그 어떤 것도 해낼 수 있다는 내용을 담은 가사로 예식을 좀 더 진중한 분위기로 만들어 주는 곡.

♥Nothing better (노래: 정엽, 작사: 안정엽, 작곡: 안정엽&이종명)

로맨틱한 가사와 감미로운 목소리, 서정적인 피아노 반주로 단숨에 여성들의 마음을 사로잡은 Nothing better. 그래서인지 이 노래를 축가로 부르는 사람들이 많아졌다. 세상에 그 어떤 것도 당신이라는 존재에 비할 수 없다는 메시지를 담았다.

감동이 배가 되는 남녀 듀엣 축가

♥기적 (노래: 김동률&이소은, 작사: 김동률, 작곡: 김동률)

'그대의 눈을 바라보면 이 모든 게 꿈인 것 같아요. 이 세상 많은 사람 중에 어쩌면 우리 둘이었는지 기적이었는지 몰라요'라는 가사는 사랑하는 사람과의 만남을 기적으로 표현한 곡이다. 김동률의 울림 있는 목소리와 이소은의 청아한 목소리가 잘 어울린다. 남녀 듀엣이 함께 눈을 맞추며 부르면 더 좋은 곡이다.

♥우리 사랑 이대로 (노래: 주영훈&이혜진, 작사: 주영훈, 작곡: 주영훈)

장동건과 고소영이 나왔던 영화 〈연풍연가〉의 OST로 많은 사랑을 받았던 노래다. 서정적인 가사와 아름다운 하모니가 돋보이는 곡이다. 남자와 여자의 목소리가 부드러운 하모니로 어우러지는 사비 부분이 무척 아름답다.

♥남과 여 (노래: 박선주&김범수, 작사: 박선주, 작곡: 박선주)

해지는 노을과 마주한 바닷가. 남자와 여자가 함께 손잡고 걸으며 부르는 모습을 연상시키는 곡이다. 말하지 않았던 서로의 속내를 비추며 마음을 고백하는 가사는 따뜻한 멜로디와 함께 결혼식장을 더욱 훈훈하게 만들어 줄 것이다.

♥Way back into love
(노래: Haley Bennett&Hugh Grant, 작사: Adam Schlesinger
작곡: Adam Schlesinger)

영화 〈그 여자 작사, 그 남자 작곡〉 OST로 유명한 곡이다. 사랑 안으로 돌아갈 수 있는 방법을 찾고 싶다면서 당신이 내가 새로 사랑을 시작할 수 있게 해 준다면 결국 난 당신 곁에 있을 것이라는 뜻을 담은 가사가 축가로 제격인 곡이다.

이보다 더 귀여울 수는 없다!

♥**사랑스러워**(노래: 김종국, 작사: 윤사라, 작곡: 주영훈)
들으면 엔도르핀이 샘솟는 노래 〈사랑스러워〉. 앙증맞은 춤으로 결혼식장 분위기를 띄워 보자. 춤에 자신 없는 사람이어도 괜찮다. 안무를 쉽게 따라 할 수 있어 어렵지 않을 것이다. 곡 자체가 밝고 신나기 때문에 귀여운 웃음과 함께 어필한다면 센스 만점 신랑으로 인정받을 수 있다.

♥**결혼해 줄래**(노래: 이승기, 작사: 김도훈&황성진, 작곡: 김도훈&이상호)
축가에 국민훈남 이승기가 빠질 수 없다. 최근 축가 인기곡으로 급부상했다. '손에 물을 묻혀도 눈에 눈물 절대 안 묻히겠다'고 다짐하는 모습이 믿음직스럽다. 매일 그대만 바라보며 살고 싶다는 말에 녹아 내리지 않을 여자는 아무도 없을 듯.

♥**사랑해**(노래: 스윗소로우, 작사: 스윗소로우, 작곡: 스윗소로우)
화음이 매력적인 4명의 달콤남 스윗소로우의 대표곡 〈사랑해〉. 밝고 재미있는 멜로디에 발랄한 가사가 인상적이다. 통통 튀는 안무를 짜서 친구들과 함께 부르면 좋을 축가다.

♥**허니**(노래: 박진영, 작사: 박진영, 작곡: 박진영)
펑키한 리듬의 댄스곡 허니는 축가로 자주 불리는 노래다. 혼자 하기 쑥스럽다면 네다섯 명의 친구들과 함께하는 것도 좋다. 뽀글뽀글한 가발과 선글라스를 끼고 춤을 춘다면 매력 만점, 식장의 흥을 돋울 수 있다.

러브 액츄얼리_ 축하 연주

색다른 프러포즈, 여성의 목소리

♥청혼(노래: 이소라, 작사: 이소라, 작곡: 김현철)
남자와 여자가 결혼을 하는데 가장 큰 이유는 '늦은 저녁 헤어지며 아쉬워하는 그런 일'이 자꾸 생기기 때문이다. 살짝 버터 바른 목소리로 청혼을 불러 보자. 예비 신랑 신부의 눈에서 하트가 쏟아지는 모습을 볼 수 있을 것이다. 남자가 불러도, 여자가 불러도 좋은 곡.

♥행복한 나를(노래: 에코, 작사: 유유진, 작곡: 박근태)
원곡은 여자가 불렀지만 남자가 불러도 멋진 노래다. 얼마 전 가수 허각이 리메이크해서 더욱 인기를 끌고 있다. '미래는 불안하고 자신 없지만 그대와 함께라면 언제나 행복할 것'이라는 가사는 언제 들어도 뭉클함을 안겨 준다.

♥완소그대 (노래: 서영은, 작사: 서영은, 작곡: 문정규)
느린 템포의 여성 축가가 싫다면 조금 빠른 템포의 곡을 골라 보자. '완전 소중한 그대여 상상도 못한 행운이야. 그대 내 곁에 있는 이 순간에 날개 없이도 날 것만 같아'라는 가사를 사랑스럽게 불러 보자. 일생에 한 번 뿐인 '완전 소중한 결혼식'을 만들 수 있을 것이다.

섹스 앤 더 시티
Sex And The City

웨딩드레스
Wedding Dress

내 생애 최고의 날,
나를 변신시켜 주는 잇드레스

섹스 앤 더 시티
Sex And The City, 2008

Style? Yes!
But Bride? No!

어느 날, 캐리에게 보그 편집장 이니드가 웨딩 화보 찍을 것을 권한다. 이니드가 웨딩드레스를 입고 멋있을 수 있는 여자 나이의 한계가 40대라고 하자 당당한 엣지녀, 캐리는 '개념 없는' 이 여자에게 이렇게 말한다.

"어떤 나이든 스타일이 훌륭하면 멋진게 아니고요?"

90년대 후반, 미국 드라마 〈섹스 앤 더 시티〉가 등장한 이래로 전 세계 이삼십대 여성들이 네 여자의 시크함에 열광했다 해도 과언이 아닐 것이

섹스 앤 더 시티_ 웨딩드레스

다. 나 또한 전 시즌을 정독하듯 봤고, 케이블 방송 채널을 돌릴 때마다 반복되는 에피소드들도 두 번, 세 번 계속해서 봤다. 마치 복습이라도 하는 마냥, 너무 재미있어서 도저히 눈을 뗄 수가 없었다.

많은 여자들은 공감하고 많은 남자들은 공감하지 못하는 드라마기도 하다. 〈프랜즈〉나 〈E.R〉같은 경우는 남녀를 막론하고 대대적인 인기를 누렸었지만, 〈섹스 앤 더 시티〉는 철저히 여성 시청자들을 위한 드라마였다. 그 열풍에 힘입어 영화로 만들어지면서 다시 한번 이삼십대 여성 팬들을 스크린 앞으로 불러 모았다.

〈섹스 앤 더 시티〉가 여심을 사로잡을 수 있었던 이유는 '동경'과 '공감'이 아닐까 한다. 신상 명품 백을 메고, 구두를 신고 뉴욕 오피스를 누비는 네 명의 커리어 우먼. 통장 잔고나 카드 값 때문에 스타일을 포기하는 소박함 따위는 모르는 셀레브리티지만 그들 역시 사랑에 시린 가슴을 붙잡고 울기도 하며 보통 여자들처럼 소울 메이트를 찾아 헤맨다. 마치 우리들처럼…….

주인공 캐리 브래드쇼같이 자유롭게 사는 것도 멋지지만, 평생 싱글녀로 산다는 것은 어쩐지 쓸쓸하지 않은가.

다행히(?) 캐리에게도 소울 메이트가 나타났으니, 바로 훈훈한 젠틀맨 빅! 드라마 마지막 시즌에서 캐리와 빅의 해피 엔딩으로 끝난 이후를 영화로 이어 냈기 때문에 캐리와 빅의 본격적인 이야기를 감상할 수 있다.

〈섹스 앤 더 시티〉가 영화화된다는 발표와 함께 캐리 브래드쇼가 웨딩 드레스를 입는다는 정보가 흘러 나가자마자 웬만한 명품 드레스 디자이너들은 너도나도 협찬 건에 매달렸다.

사실, 이 영화는 캐리 브래드쇼의 웨딩드레스 하나만으로 충분했다. 캐리 브래드쇼 스타일 웨딩드레스? 그녀의 결혼식이 궁금하다? 따라하고 싶다? 이런 설명이 필요 없이, 그냥 보고 싶은 이유로 충분하다.

그런데다 베라 왕, 캐롤리나 헤레라, 크리스찬 라크르와, 랑방, 디올, 오스카 드 라 렌타, 비비안 웨스트우드까지……. 오 마이 갓! 두근두근 심장 박동수가 빨라질 수밖에 없지 않은가? 흥분되지 않는다면 혹시 남자 아닌가 물어보고 싶을 정도. 나 역시 한국에서 영화가 개봉하자마자 예매하고 한달음에 달려갔다. 바로 그 웨딩드레스 열전을 잔뜩 기대하면서 말이다.

영화 속에서도 40대 캐리 브래드쇼의 결혼식은 초미의 관심사다. 가십을 놓치지 않는 편집장 이니드(그녀 또한 50대 골드미스 뉴요커)는 캐리에게 기획 기사와 화보 촬영을 권하고, 그 덕에 캐리는 예행 웨딩 촬영을 하게 된다.

이 웨딩 촬영에 세팅되어 있는 보그 전속 포토그래퍼와 스타일리스트만으로도 충분히 호화로운데다 헤어, 메이크업까지 완벽한 스타일링을 자랑함으로써 보는 이의 시선을 압도한다. 그리고 드레스! 리터칭 디자

이너의 손길로 재탄생되는 최고의 명품 웨딩드레스 쇼는 여자들에게 최고의 파라다이스를 펼쳐 주었다.

물론 개인차는 있을 것이다. "모두 다 너무 예뻐요.", "괜찮네요. 두세 개는 괜찮았어요.", "베라 왕 빼고 나머지는 다 완전 별로였어요. 실망이네요." 등등.

하지만 솔직히 숨 멈추고 지켜본 것은 모두 다 마찬가지일 터. 애써 시크한 척 해 봐도 소용없다. 영화 〈프리티 걸〉 이후로 이런 식의 대리만족을 시켜 줬던 영화는 없지 않았던가. 그것만으로도 충분히 매력적인 영화임에는 분명하다.

캐리는 미니멀하고 로맨틱한 최고의 브랜드 베라 왕을 시작으로, 극적인 우아함이 포인트인 캐롤리나 헤레라, 독특하고 엘레강스한 크리스찬 라크르와, 조금은 아방가르드한 랑방의 러블리 미니 드레스, 왕족의 연회복을 연상시키는 디올, 품격 있고 여성스러운 오스카 드 라 렌타의 레이스 드레스, 그리고 타프타 실크로 한껏 부풀린 대신 다른 장식은 절제한 비비안 웨스트우드의 드레스까지 멋지게 소화해 내며, 거울에 비친 자신의 모습을 통해 결혼의 기쁨을 만끽, 또 만끽한다.

〈섹스 앤 더 시티〉의 명장면은 단연 캐리의 드레스 쇼이긴 하지만, 가장 로맨틱한 장면은 빅이 캐리에게 베토벤의 러브 레터를 읽어 주는 장

여자들에게 웨딩드레스란
결혼에 대한 로망이며, 결혼 그 자체이다.

면이 아닐까 한다.

  드라마에서 미묘한 감정을 남기는 나쁜 남자 같던 빅이 나지막한 저음으로 편지를 읊는 장면은 아직도 귓가에 맴도는 듯하다. 그 러브 레터를 함께 나누고자 한다.

> My thoughts go out to you, my immortal beloved.
> 항상 그대 생각뿐이에요. 나의 불멸의 연인.
>
> I can live only wholly with you or not at all.
> 당신과 완전히 함께여야만 난 온전할 수 있어요.
>
> Be calm my life, my all.
> 마음을 가라 앉혀요. 내 사랑, 나의 전부여.
>
> Only by calm consideration of our existence can we achieve out purpose to live together.
> 오직 우리의 관계를 차분히 고찰했을 때만, 우리가 함께하려고 하는 목적을 이룰 수 있으니까요.
>
> Oh continue to love me.

계속 날 사랑해 주세요.

Never misjudge the most faithful heart of your beloved.

그대를 향한 내 마음을 오해하지 마세요.

Ever thine.

언제나 당신의 것.

Ever mine.

언제나 나만의 것.

Ever ours.

언제나 우리의 것.

웨딩드레스
Wedding Dress

절대 포기할 수 없는 단 하나,
나만의 드레스

〈섹스 앤 더 시티〉 캐리의 화보 촬영 속 드레스 쇼를 직접 해 보고 싶다면, 국내 예비 신부들도 아주아주 쉽게 가능하다.

최고의 웨딩 화보를 탄생시키는 웨딩 사진의 명장들이 청담동에 모여 있다. 슬림하고 시크한 드레스부터 로맨틱한 드레스, 미니 드레스까지 원하는 분위기에 맞게 고루 셋팅해 놓고 있어 누구나 캐리 브래드쇼가 되어 화보 촬영을 할 수 있다. 지금 당장 웨딩플래너에게 연락을 해서 사진과 드레스를 고르고 날짜를 정해 두면 끝. 시간적 여유만 있다면 전혀 어렵지 않은 일이다(유명 웨딩 스튜디오들은 이미 몇 달 전부터 스케줄이 잡혀 있다).

그런데 영화 속 그 드레스들을 원한다면 물론 한국에서도 가능하다. 약간의 중간 절차가 생기고 가격이 조금 더 올라갈 뿐. 그렇다고 해서 또 너무 복잡하게 생각할 필요는 없다. 최근 국내에서 '수입 드레스'가 선풍적으로 붐업이 되고 있다 보니 접할 수 있는 숍도 다양하고, 방법도 다양해졌다. 조금 더 예산을 책정하고 조금 더 부지런해지면 캐리 브래드쇼 따라 잡는 것은 식은 죽 먹기다.

"수입 웨딩드레스가 정말 좋은 건가요?"
"확실히 티 나게 고급스러운가요?"
"비교도 안 될 만큼 아름다운가요?"
수없이 듣는 질문이다. 그렇다. 확실히 고급스럽고 특별하게 아름다운 것은 사실이다. 수입이고 브랜드가 고가이기 때문만은 아니다. 웨딩드레스의 생명은 소재의 특수성에 있다고 할 수 있는데, 수입 브랜드 디자인이 바로 소재의 희소성을 부각시켜 주기 때문에 눈으로 보았을 때 확연한 차이점을 드러내는 것이다.

게다가 세계적인 디자이너들은 귀한 소재를 아낌없이 사용하여 실험해 보고 연구하는 노력을 쏟기 때문에 수려한 창작물이 나올 수밖에 없다. 그러니 세계적인 톱디자이너의 드레스들과 국내 브랜드의 드레스를 비교한다는 것 자체가 무리인 것이다. 비교라는 것은 늘 기준을 맞춰서 견주어야 하는 것 아니겠는가. 어쨌거나 수입 드레스의 퀄리티를 국내 브랜드와 비교한다면, 국내에서 볼 수 없는 특별한 소재의 고급스러움, 디자인의 아름다움 등에서 차이가 난다고 말할 수밖에 없다. 사실 좋긴 정말 좋다.

오래전 처음으로 수입 드레스숍을 방문했을 때 느꼈던 기분은 아직도 잊히지 않는다. 정말 눈이 시원해지는 느낌! 아, 이거다! 하는 느낌 말이다. 그렇지만 사실 컨설팅 업체에 견적을 받으러 오시는 신부들께 먼저 권하기는 쉽지 않다. 왜? 비싸니까!

오랜 시간 웨딩플래너를 해 오면서 무엇보다 중요한 것은 예산이라고 생각하고, 그 예산에 충실한 한도 내에서 최대한의 만족감을 드리자는 것이 나의 지론이다. 그러니 보통 드레스보다 몇 백만 원 이상 올라가는 드레스숍을 권하는 게 쉽지 않은 것이 사실이다.

하지만 평생에 한 번뿐인 웨딩드레스, 절대 포기할 수 없다면 주저 없이 권하겠다. 사실 반짝 다녀오는 도깨비여행만 참아도, 모양도 거기서 거기인 가방과 구두 몇 개만 안 사고 조금만 더 저금하면 나만을 위한 선물을 할 수 있는 일이다. 만약 가격 대비 정말 특별함이 있는지 고민하는 것이라면 시원하게 대답해 줄 수도 있다.
"다르다!"
자, 그럼 그 수입 브랜드가 어떤 것이 있는지 무엇이 다른지 궁금할 터. 하나씩 살펴보도록 하자.

웨딩드레스
Wedding Dress

나를 위한 아주 특별한 선물
명품 웨딩드레스

수입 드레스. 말 그대로 수입해 온 옷이고 결코 저렴하지 않다. 그렇다면 수입 드레스는 어떤 방법을 활용해서 찾아야 할까? 한국에서 수입 드레스를 접할 수 있는 방법은 세 가지로 나뉜다.

1. 공식 딜러숍

예를 들면 베라 왕 코리아, 암살라 코리아 등이 있다. 공식 딜러숍이기 때문에 가장 믿을 수 있다는 장점이 있다. 절대 정품만 있어 의심의 여지가 없고 최신 컬렉션에 맞게 선택할 수 있다. 반면 그 브랜드 하나만 고를 수밖에 없다는 단점도 있다.

2. 비공식 수입 드레스 편집숍

　엄밀히 따지자면 비공식이지만, 여러 브랜드를 접할 수 있는 편집숍은 최근 이슈로 떠올라 쉽게 찾을 수 있다. 그러나 바잉하는 사람의 취향이 반영되므로 디자인이나 분위기는 조금씩 다르기도 하다. 단점으로는 아무래도 비공식이기 때문에 정품 여부에 의혹이 생기기도 했었지만, 최근 수입 드레스에 대한 수요가 늘고 있는데다 연예인들의 결혼식에 드레스가 공공연히 이슈화 되면서 눈속임은 거의 불가능하게 되었다.

3. 국내 디자이너숍

　국내 디자이너 브랜드 제작숍이긴 하지만 소량의 수입 드레스를 구입해서 들여놓고 섞어서 대여해 주는 경우가 있다. 어떤 브랜드인지 꼭 짚어서 고르기는 어렵지만 가장 저렴하게 수입 드레스를 접해 볼 수 있는 장점이 있다.

　수입 드레스와 국내 드레스의 가장 큰 차이점은 무엇일까? 창작물이라는 것은 창작자가 흡수한 문화적 경험에서 발현되어 나오는 것. 당연히 디자인의 포인트도 다를 수 있고, 같은 종류의 실크도 완전히 다른 느낌인 경우를 쉽게 볼 수 있을 것이다. 쉽게 말하면 더 좋다 덜 좋다, 따지기 전에 그냥 다르다는 것이다.

　또한 국내 드레스는 대여 목적인데 반해, 수입 드레스는 판매 목적이기 때문에 아무래도 안감 등의 내부 마감이 다르다. 따라서 만들어진 재료와 디자인 완성도에 차이가 있을 수 있다.

그렇다면 이제 국내에서 익숙한 웨딩드레스 브랜드를 소개해 볼까?

수입 드레스 브랜드

♥ 캐롤리나 헤레라

얼마 전 배우 박시연이 결혼했을 때 입었던 반소매 드레스로 유명하다. 우아하고 페미닌한 느낌이 강하다.

♥ 크리스찬 라크르와

원래 옴므 브랜드로 유명하다. 디자인이 독특하고 디자인 패턴이 확실하면서도 우아함을 놓치지 않는 섬세한 드레스가 많다.

♥ 랑방

아방가르드한 느낌의 러블리한 드레스들이 많다. 웨딩드레스 전문 브랜드는 아니기 때문에 애프터 드레스로 활용하기 좋은 드레스를 쉽게 찾을 수 있다.

♥ 오스카 드 라 렌타

웨딩드레스계의 거장. 미국 대통령 영애의 드레스를 전담하는 곳이라고 하면 느낌이 올 것이다. 청순하고 명문가의 신부 같은 느낌의 클래식한 드레스가 많다.

♥ 비비안 웨스트우드

〈섹스 앤 더 시티〉에서 캐리 브래드쇼의 선택을 받은 크림색의 풍성한 드레스가 바로 비비안 웨스트우드다. 더 이상 설명이 필요 없을 듯. 랑방과 마찬가지로 웨딩 전문 브랜드는 아니기 때문에 컬렉션을 참고해서 봐야 할 브랜드다.

♥ 암살라

거추장스러운 부분은 최소화한 클래식하고 고급스러운 느낌의 귀공녀 같은 드레스다. 러블리한 느낌도 있고 세련된 느낌도 고루 갖췄지만 암살라만의 개성은 고급스러움이다.

♥ 마르케사

비교적 늦게 출시한 브랜드다. 2004년 조지나 채프먼, 케런 크레이그 두 사람이 만든 브랜드로 현재 뉴욕에서 가장 핫한 웨딩 브랜드라고 해도 과언이 아니다. 디테일이 강한 드레스들이 많고, 트렌디

하면서도 파격적인 디자인도 다양하게 볼 수 있다. 몸에 무리를 주지 않는 자연스러움과 편안함을 모토로 삼고 있다.

♥ 발렌티노

할리우드 배우들의 열렬한 지지를 받고 있기 때문에 시상식 등에서 많이 접하게 되는 브랜드다. 고급스러움과 페미닌함을 가장 잘 믹스했다고 평가 받는다.

♥ 아뜰리에 에이메

유럽 왕실 공주의 드레스 같은 것이 많다. 마리 앙투아네트의 드레스를 현대적으로 재현해 낸 것 같은 웅장한 임팩트를 볼 수 있다.

♥ 베라 왕

동서양을 막론하고 현재 가장 사랑 받는 브랜드다. 국내 신부들의 선호도도 무척 높은 편. 미니멀하고 로맨틱한 분위기로 전 세계적으로 선풍적인 인기몰이를 하고 있다고 해도 과언이 아니다.

영국의 빅토리아 베컴의 웨딩드레스로도 익히 알려진 베라 왕은 국내에서도 배우 심은하, 김남주가 실제 결혼식에서 입은 것으로 이슈가 되었고, 영화 〈너는 내 운명〉에서 극 중 배우 전도연의 웨딩드레스로도 유명하다.

일괄적으로 정리해 보자면, 많은 사랑을 받고 있는 미국 브랜드로는 베라왕, 모니크 륄리에, 림 아크라, 오스카 드 라 렌타, 크리스토스, 케네스 풀 등이고 유럽 브랜드로는 프로노비아스, 발렌티노, 엘리 사브, 아뜰리에 에이메, 피터 랭그너(엘리자베스 독점) 등이 있다. 국내에서 수입 드레스를 접할 수 있는 편집숍을 소개하자면, 다음과 같다.

⁕ 수입 드레스 편집숍 ⁕

♥ 비욘드 더 드레스

홈페이지: www.beyond-the-dress.com
위치: 서울시 강남구 청담동 드림빌딩 4층
전화: 02-512-5798

캐롤리나 헤레라와 엘리자베스 필모어, 마르케사 등 고급스러움과 트렌디함, 유니크함을 고루 갖췄다는 것이 장점이다. 박시연, 송윤아, 강혜정, 박선영 등 최고의 연예인들이 선택한 숍.

♥ 엘리자베스

홈페이지: www.elisabeth.kr
위치: 서울시 강남구 신사동 650-6 돌체비타빌딩 3층
전화: 02-517-8050

프로노비아스, 피터 랭그너와 프리쉴라우 보스톤 등 미국과 유럽의 드레스 중 국내에서 반응이 좋을 만한 옷을 선별하여 들어온다.

♥ 루나 디 미엘레

홈페이지: www.lunadimiele.co.kr
위치: 서울시 강남구 청담동 99-4
전화: 02-3443-9694

림 아크라, 케네스 풀 등 김희선이 입어 더 유명해진 림 아크라의 전 라인을 입어 볼 수 있는 곳으로 촬영 드레스 등 좀 더 다양한 라인을 만날 수 있어 만족도가 높다.

♥ 소유

홈페이지: www.soyoo.co.kr
위치: 서울시 강남구 청담동 90-25 table2025빌딩 2층
전화: 02-541-7077

오스카 드 라 렌타와 모니크 륄리에, 케네스 풀 등이 있다. 뉴욕의 최신 유행 웨딩 트렌드를 만날 수 있는 숍.
고소영, 추상미, 김효진, 전혜진 등의 연예인이 이용했던 숍이다.

수입 드레스가 이미 어느 정도는 자리를 잡은데다 드레스숍의 원장들이 해외 출장길에 수입 드레스를 사 갖고 오면서 우리나라 드레스의 퀄리

티는 엄청난 발전을 이루었다. 그래서 비슷한 소재, 똑같은 디자인의 드레스도 어마어마하게 많다. 고소영이 입었던 드레스를 똑같이 제작해 일명 '고소영 드레스'라 부르기도 하는 것이다. 그러니 웨딩드레스에 무슨 수백만 원을 쓰냐고 하는 신부들은 디자이너 브랜드로도 충분할 것이다.

그런데 오리지널을 고집하는 신부, 드레스만은 한 치의 양보도 할 수 없다 하는 신부들을 위해 방법을 좀 더 소개하자면 온라인이나 잡지 등을 통해 본인의 취향을 파악해서 원하는 브랜드 리스트를 추려 보는 방법이 있다.

국내 디자이너 제작숍의 웨딩드레스는 양이 방대하고 계속해서 신상품이 제작되기 때문에 화보만 보고 이게 어떤 옷이다 파악하기는 어렵다. 그리고 또 화보에 없는 드레스도 무척 많다. 대부분의 경우 시중에 돌고 있는 화보가 2, 3년 전 화보인 경우가 다반사다.

그러나 수입 드레스의 경우 보통 아주 정직한 샷으로 신상품을 한 벌 한 벌 소개하고 그 화보를 공개하므로, 고르고 나서 그 브랜드가 있는 드레스숍에 예약을 한 뒤 방문해서 피팅을 해 보는 게 좋다.

위에서 소개한대로 청담동 부근에 여러 브랜드를 갖추고 있는 수입 드레스 편집숍들이 있으므로 일일이 발품 팔지 않아도 한 곳에서 여러 브랜드를 입어 볼 수 있다.

이 과정에서 전혀 아는 사람도 없고 사실 어떤 드레스가 더 어울리는

지 고르기가 애매할 수 있다. 적은 금액도 아니고 실속 있게 실패 없이 골라야 하는데 말이다. 그러니 드레스를 굉장히 잘 아는 사람이 아니라면, 수입 드레스를 잘 알고 경력이 높은 웨딩플래너와 함께 준비를 하는 것이 가장 안정적이다. 신부 혼자서 진행을 했을 때보다 친분이 있는 드레스숍 원장님에게 더 좋은 조건으로 대여할 수 있도록 도움을 줄 것이며 신부 혼자 미처 생각하지 못하는 소품이나, 도우미의 자질까지 체크해 줄 것이니 말이다.

그리고 하나! 만약 드레스에 대한 감각이 탁월하다고 자타공인된 것이 아니라면 드레스숍 업체를 스스로 정하지 말고 우선적으로 웨딩플래너와 상의해서 리스트를 추리는 것이 좋다.

꼭 기억해야 할 것은 첫째, 보는 것과 입어 보는 것은 절대 다르다는 것이다. 둘째, 화보 속 드레스를 입은 마르고 늘씬한 외국 모델과 나의 체격은 전혀 다르다는 점이다. 실패 없이 성공하고 싶다면 처음부터 웨딩플래너와 충분히 상의해 업체를 선정하고, 실제로 드레스를 입어 보는 것이 후회를 줄일 수 있는 방법이다.

베라 왕이 이런 말을 했다고 한다.
"자신의 장단점을 정확히 알고 있고, 자신이 무엇을 표현하고 싶은지 아는 신부를 가장 사랑한다."

자신의 장단점이야 웨딩플래너나 디자이너가 찾아 주고 알려 줄 수 있다고 쳐도, 자신이 어떤 신부가 되고 싶은지, 어떤 이미지를 표현하고 싶은지에 대한 뚜렷한 의식이 없다면 웨딩드레스 스타일링에 성공하기 어렵다는 말이다.

왜? 다음에 다시 잘 입을 수 없으니까!
평생에 딱! 한 번 뿐이기 때문이다.

영화 속 웨딩드레스 Best 3

1 7급 공무원
  미니 웨딩드레스

일반적으로 웨딩드레스하면 바닥을 쓸고 다닐 정도의 롱드레스를 생각하기 마련이다. 하지만 최근에는 이런 고정관념을 깬 미니 웨딩드레스가 심심찮게 보이고 있다.

영화 〈7급 공무원〉에서 김하늘이 입고 나온 미니 웨딩드레스는 발랄하면서도 청순한 이미지를 주는 드레스다. 또한 층층이 겹쳐진 치마는 발레리나를 연상시킨다. 인형 같은 신부가 되고 싶다면 미니 웨딩드레스를 선택하는 것도 좋을 것 같다. 특히 키가 작은 신부들이 입는다면 더욱 귀엽고 발랄해 보일 듯.

2 너는 내 운명
  심플한 웨딩드레스

영화 〈너는 내 운명〉에서 전도연이 입은 웨딩드레스는 일체의 장식을 사용하지 않아 순수한 이미지를 강조하는 드레스다. 화려하지 않고 깔끔한 순백의 웨딩드레스는 소녀처럼 해맑게 웃고 있는 전도연에게 참 잘 어울린다.
커다란 꽃송이들과 베일을 연결한 월계관은 자칫 심심해 보일 수 있는 웨딩드레스에 귀여운 포인트가 되었다. 자연스러운 헤어스타일 역시 웨딩드레스를 입은 신부의 청순함을 부각시켜 주고 있다.

3 브레이킹 던 part 1
엘레강스 웨딩드레스

영화 〈브레이킹 던 part 1〉에서 크리스틴 스튜어트가 입은 웨딩드레스는 영화의 원작 소설가와 디자이너가 상의하에 디자인한 드레스다.
무려 6개월 동안 수작업으로 만들었다고 한다. 그만큼 가격 또한 4000만 원 정도에 달하는 고가다.
이 드레스의 포인트는 뭐니뭐니해도 뒤태에 있다. 레이스와 진주로 장식되어 섹시하면서도 로맨틱한 분위기를 풍긴다. 또한 상체를 너무 노출시키는 튜브톱 드레스가 아니어서 더욱 우아한 멋이 느껴진다.

도전! 영화 속 웨딩드레스

심플한 웨딩드레스를 입고 싶다면 이곳으로
♥ 에스띠아

에스띠아는 스타일리시한 매력을 가진 여성의 감각을 표현하려고 하는 곳이다. 우아하면서도 시크한 실루엣으로 디자인하고, 독특한 포인트를 가미시킨다. 웨딩드레스의 가격은 약 150만 원부터 시작된다.

홈페이지: www.w-hestia.com
위치: 서울시 강남구 청담동 80-17 주경빌딩 4층
전화: 02-512-4418

♥ 아뜰리에레이

심플하면서도 디테일이 강한 드레스를 디자인하려고 노력하는 곳이다. 디자인 감각을 중시하면서도 소재의 고급화와 패턴의 안정성, 정교함 등을 추구한다. 드레스의 가격은 약 150만 원부터 있다.

홈페이지: www.atelieray.com
위치: 서울시 강남구 청담동 81-1 세화빌딩 3층
전화: 02-3444-7924

미니 웨딩드레스를 입고 싶다면 이곳으로
♥ 코코앤유

새로운 디자인과 품격 있는 드레스를 추구하는 곳으로 신부들의 기호와 트렌드에 맞는 드레스를 만든다. 웨딩 촬영과 피로연 등에서 튀지 않으면서도 귀엽게 입기 좋은 미니 웨딩드레스가 많다. 드레스의 가격은 70만 원 정도부터 있다.

홈페이지: www.coconyou.com
위치: 서울시 강남구 청담동 40-2 유관빌딩 4층
전화: 02-542-1247

♥ 율리아나 웨딩

율리아나 웨딩은 드레스를 직접 제작하는 웨딩 업체로서 많은 미니 웨딩드레스를 보유하기로 유명한 곳이다. 그래서 많은 여자 연예인들이 협찬 받아 시상식이나 방송에서 입고 나온다. 드레스의 최소 가격은 약 50만 원 정도이다.

홈페이지: www.yullianawedding.com
위치: 서울시 강남구 논현동 81-10 신창빌딩 5층
전화: 02-518-1080

스페셜한 웨딩드레스를 입고 싶다면 이곳으로

♥ 디오라

한 예술 작품의 고유한 특성, 미적 아름다움을 뜻하는 이름처럼 디오라는 섬세한 디테일과 수려한 라인이 돋보이는 곳으로 유명하다. 이곳 또한 연예인들에게 많은 협찬을 해 주고 있는 만큼 특별한 디자인이 많다. 드레스의 가격은 약 100만 원 정도이다.

홈페이지: www.theaura.co.kr
위치: 서울시 강남구 청담동 40-7 김창숙빌딩 5층
전화: 02-515-7671

웨딩 헤어
Wedding Hair

비바람에도 ㄲ떡없는 떡진 머리?
오, 맘마 미아!

맘마미아
Mamma Mia, 2003

   파티의 꽃으로 자유를 만끽하던 댄싱퀸 도나는 파리와 그리스 이곳저곳을 여행하며 청춘을 즐긴다. 불과 20년 전까지는. 그런 도나가 20년 전 '섬머로맨스'로 딸아이를 갖게 되는데, 그 아이가 바로 내일 있을 결혼식의 주인공인 소피다.

   완벽한 결혼을 꿈꾸는 소피의 계획에 흠이 있다면 결혼식에 손을 잡고 입장할 아빠가 없다는 것. 그러다 우연히 엄마의 일기장을 발견하게 되고, 아빠로 추정되는 세 명의 후보들에게 청첩장을 보낸다. 결혼식 전날 이들이 모두 도착하면서 사건 사고가 시작된다.

맘마미아_ 웨딩 헤어

어떤 여름날의 로맨스. 그때 그 로맨스와 짜릿한 사랑을 간직하고 있지만 그 남자는 떠나 버렸다. 상처 받아 방황했지만 소피를 위해 하루도 쉬지 못하고, 딸아이 하나만을 바라보며 살아온 도나. 그런 그녀에게 스무 살의 딸이 갑자기 결혼을 한다고 선언했을 때, 도나의 마음은 어떠했을까?

머리를 말리고 있는 금발의 처녀를 눈물을 머금은 중년 여성이 바라보고 있다. 엄마인 도나는 자신의 어린 시절을 회상하며 울컥한 마음에 눈시울이 붉어진 것이다. 그러다가 언제 그랬냐는 듯이 딸 소피와 함께 침대 위에 올라 옛날 사진을 꺼내 보면서 한바탕 웃어 재낀다. 둘은 마치 친구나 자매 같다. 헤어스타일을 함께 고민하고 어떤 스타일이 좋을지 의견을 나누며 소피는 엄마 품에 안긴 채 엄마가 해 주는 페디큐어를 받는다. 도나는 웨딩드레스를 입고 화장까지 마친 아름다운 딸의 모습을 거울을 통해 바라본다. 보기만 해도 평화롭고 따뜻한, 왠지 모르게 가슴 한 구석이 뭉클해지는 친정 엄마와 딸의 모습이다.

〈맘마미아〉를 보면서 자꾸 감탄하고 탄복했지만 무엇보다 웨딩플래너로서 눈여겨보게 된 장면은 웨딩드레스를 입고 있는 소피와 이를 도와주는 도나였다.

도나가 "드레스 입어야지. 친구들이 안 도와주니?"라고 하자, 소피는

"엄마가 도와줄래요?"라고 한다.

엄마란 사람들은 참 바보 같은 구석이 있어서 딸의 그런 말 한 마디에 바로 울컥해 버린다. 도나도 그 감정을 누르지 못하고, 어린 소피를 학교에 보내던 시절, 혼자서 딸을 키우며 힘들고 외로웠던 지난날을 회상하며 눈가가 촉촉해진다. 딸의 머리를 말려 주고, 매니큐어를 발라 주면서 웃다가 울다가 한다. 마지막으로 드레스를 입혀 주고 같이 거울을 보며 옷매무새를 다듬어 준다.

이처럼 엄마와 딸은 그 관계가 말로 설명하기에 어려운 부분이 있다. 엄마에게 딸이, 딸에게 엄마가 차지하는 비중은 비록 본인이 인지하지 못할지라도 어마어마한 것이다.

결혼할 때쯤 돼서 엄마와 많이 싸우기도 하고, 함께 준비하면서 더 돈독해지기도 하지만, 엄마가 드레스를 입혀 주고 화장과 머리를 도와주는 일은 흔치 않다. 특히나 우리나라에서는 찾아보기 힘든 일.

사실 결혼할 때 가장 아름답고 싶은 것이 모든 여자의 로망이기에 앞으로 이런 일은 생기기 어려울 것 같다. 왜냐하면 그렇게 비싸지 않은 가격으로 전문가에게 헤어와 메이크업을 받고 최상으로 예뻐질 수 있기 때문이다. 그래서 소피처럼 엄마가 직접 해 주는 헤어와 메이크업을 받으라고 섣불리 말하지 못하겠다. 모든 엄마들이 도나와 같이 손재주가 좋은 것은 아니니까.

엄마에게 딸이, 딸에게 엄마가 차지하는 비중은
비록 본인이 인지하지 못할지라도 어마어마한 것이다.

이제 결혼하면 품 안의 자식에서 벗어나는 것이다. 그래서 결혼식 전날 밤에 엄마와 함께하는 수다, 동침, 여행은 우리나라에서도 결혼 전에 해야 할 버킷리스트로 꼽히고 있다. 영화처럼 드레스를 입혀 달라고 하기는 쉽지 않지만 엄마와 함께 시간을 보내는 것은 중요하다.

결혼 전에 엄마와 함께 여행을 가면 매우 좋겠지만 시간적인 여유가 없다면 같이 미용실을 가는 것도 좋은 방법이다. 마치 친한 친구끼리 가듯이. 함께 미용실에 가서 엄마는 파마를 하고, 나는 웨딩드레스에 어울리는 색으로 염색을 할 수도 있다. 머리에 캡을 두른 채 가운을 입고 앉아 같이 네일 케어를 하면서 수다를 떨어 보면 어떨까? 결혼식 직전에 엄마가 드레스를 입혀 주고 머리를 만져 주는 것은 아니지만, 그리고 큰돈이나 많은 시간을 소비하는 것은 아니지만 정말 뜻깊은 날이 될 것이다.

웨딩 헤어는 웨딩드레스만큼이나 중요하다. 웨딩드레스는 여러 벌을 번갈아 입어 보며 고를 수라도 있지만, 헤어와 메이크업은 당일에 한 번뿐이기에 더욱 신경이 쓰일 것이다. 남들과 똑같은 스타일의 헤어와 메이크업이 싫다면, 전문가에게 맡기더라도 소피처럼 내추럴한 헤어스타일을 해 보는 것은 어떨까?

따스한 햇살이 비치는 봄날의 로맨틱한 야외 결혼식을 꿈꾸는 신부들이 많을 것이다. 인위적인 조명이 아닌 자연스러운 햇빛에 어울리는 스타일링은 소녀 감성 물씬 풍기는 내추럴 스타일이다. 스프레이로 범벅이 되어 비바람에도 끄떡없을 것 같은 헤어보다, 바람에 살랑살랑거리는 헤어가 훨씬 매력적이다. 핑크 빛을 머금은 사과 같은 뺨과 자연스럽게 웨이브가 들어간 헤어, 여기에 사랑스러운 헤어밴드나 코르사주까지 매치한다면 더할 나위 없이 로맨틱한 스타일링을 완성할 수 있다.

헤어는 자연스럽게, 메이크업은 로맨틱하게 하는 것이 포인트다. 비단 야외 웨딩에서만 이런 스타일링이 필요한 것은 아니다. 누구나 하는 업스타일에 얽매이지 않고, 자연스럽게 흘러내리는 헤어스타일을 시도할 수 있는 작은 용기만 있으면 된다.

세계적인 웨딩 스타일링 추세 중 하나가 바로 '빈티지 웨딩'이다. 새 옷 같은 느낌이 아닌, 옛것 같이 내추럴하고 앤티크한 느낌의 스타일이다. 와이어나 페티코트 등을 배제하고, 조이고 누르고 부풀리는 것을 자제하면서 있는 그대로의 모습을 순수하게 보여 줄 수 있도록 신부를 스타일링 하는 것이다. 영화 속의 소피가 이것을 제대로 소화했다. 치렁치렁한 드레스는 몸매를 드러내거나 고급스러운 느낌보다는 숲 속에서 튀어나온 요정 같은 느낌을 준다. 어쩌면 엄마의 드레스를 다시 고쳐 입은 것 같은 내추럴함이 있어 조금은 투박하고 촌스럽지만 충분히 매력적이다.

드레스가 화려하지 않기 때문에 소피의 헤어스타일도 자연스럽고 순수해 보인다. 대신에 화관과 면사포로 포인트를 주어 헤어를 더욱 돋보이게 만들어 주었다.

맘마미아_ 웨딩 헤어

결혼식을 볼수록 오히려 "나는 정말 날씬해!", "내 드레스 진짜 고급스럽지?" 라는 오라를 풍기는, 힘이 잔뜩 들어간 스타일링에 조금 싫증이 나기도 한다. 물론 네 시간, 다섯 시간 예식의 주인공이고 많은 사진과 동영상에 찍히므로 헝클어지는 머리에 신경이 곤두서는 것은 당연지사. 그렇지만 머리가 자연스럽게 흘러내리고 헝클어지면 안 되는 것일까? 꼭 그렇게 왁스 한 통을 다 쓰고, 얼굴을 투명 방패로 가려야만 숨을 쉴 수 있을 정도의 스프레이를 뒤집어써야만 하는 것일까?

결혼식에서 아름다운 신부가 되는 것은 중요하고, 또 포기할 수도 없는 일이지만 어떤 순간에 사진을 찍혀도 단정하게 고정된 머리가 필요할지는 의문이다. 웃을 땐 좀 흘러내리기도 하고, 한쪽으로 좀 쏠리기도 하면 어떤가. 혹 야외에서 결혼하는 신부라면 바람에 흩날리는 머리가 자연스럽게 포착되는 것이 큰 흉은 아니지 않겠는가. 신부 본인만 헝클어지고 바람에 날리는 머리도 괜찮다면 한번 시도해 보자. 점점 더 그런 스타일링을 할 수 있는 숍들이 늘어나고 있는 중이니.

웨딩드레스도 날씬한 신부는 그 보디라인을 잘 살릴 수 있는 드레스를, 통통한 신부는 최대한 날씬해 보이는 라인의 드레스를 선택하는 것이 보통이다. 그러나 누군가 용감한 신부 한 명이 야외 공원에서 어스름한 저녁에 결혼식을 하면서, 자연스러운 실루엣의 웨딩드레스를 입고 바람에 날리는 머리를 자연스럽게 쓸어 넘기며 햇살 같은 미소를 날릴 수 있는 아름다운 빈티지 웨딩을 의뢰해 왔으면 한다.

영화가 끝나 갈 때쯤, "인생은 좀 외롭고 힘들지만 견딜 만하다고, 이제 두렵지 않다고." 하는 노래가 나온다. 혼자 아이를 키우고 사랑하는 사람을 떠나보내고 생활에 찌들어 20년을 보냈지만, 누구보다 자유롭고 짜릿한 여름의 추억을 품고 있던 도나에게 펼쳐질 로맨틱한 인생을 기대하게 만드는 마무리다.

30년이 훨씬 넘게 인생을 살아오다 보니까 시간은 참 빠르고, 인생은 정말 짧다는 생각이 든다. 어떤 이는 20년이 굉장히 긴 시간이라고 생각할 수도 있겠지만, 금방이다. 아주 순식간이다. 내가 웨딩플래너를 한 지도 벌써 10년이 넘었으니……. 자꾸 말하면 잔소리로 들릴지도 모르니 여기서 그만 해야겠다.

다시 꺼내 본 〈맘마미아〉. 다시 봐도 또 떨리고, 또 신 나고, 또 울컥하는 좋은 영화. 참 잘 만든 영화다. 한가한 여름밤에 저녁을 먹고 난 후 〈맘마미아〉 DVD 한번 플레이해 보면 어떨까?

웨딩 헤어
Wedding Hair

웨딩 헤어의 틀 깨부수기

특별한 날, 특별한 나

   생애 가장 아름답고 싶은 결혼식 날, 웨딩드레스와 어울리는 헤어와 메이크업의 중요성은 두말하면 잔소리. 웨딩드레스보다 더 걱정된다는 웨딩 헤어와 메이크업은 요즘의 웨딩드레스 트렌드에 맞추는 것이 좋다. 만약 자신에게 맞는 스타일을 미리 해 보고 싶다면 웨딩 촬영 때 이것저것을 많이 시도해 보는 것도 하나의 방법.

   머리를 올리기도 하고, 풀어 헤치기도 하고, 반으로 묶어 보기도 하는 등 다양한 헤어스타일을 연출해 본 후 본인에게 가장 어울리는 스타일을 본식 때 하면 된다.

예전에는 메이크업이 너무 과해서 10년, 20년 후에 촌스러워 보이기 일쑤였다. 하지만 내추럴한 스타일이 대세인 요즘에는 몇십 년 후에 사진첩을 펼치더라도 부끄럽지 않을 것 같다. 그렇다고 화장하지 않은 듯한 것보다는 눈매를 강조하고 음영을 살려 주어야 밋밋하지 않고, 사진도 더 잘 받을 수 있다.

그래서 세미 스모키를 선호하는 신부들이 늘어나고 있다. 또한 보통의 신부들은 깔끔한 헤어스타일을 고수하지만, 야외 웨딩이나 소규모의 하우스 웨딩이 증가함에 따라 매우 내추럴한 빈티지 스타일이 사랑받을 예정이다. 본식 웨딩을 위한 헤어스타일은 업스타일로 연출하는 것이 대부분이나 자유로운 형식의 하우스 웨딩이라면 업스타일에만 얽매이지 말고 자연스럽게 풀어서 내리는 헤어스타일을 해 보는 것도 좋다. 불과 몇 년 전만 해도 결혼식장의 신부들은 모두 비슷한 웨딩 헤어를 하고 있었지만, 요즘에는 웨딩 헤어도 각자의 이미지와 취향에 맞도록 본인에게 가장 잘 어울리는 스타일을 연출하고 있다.

머리 길이별 헤어스타일

♥ 반 묶음 스타일

청순하면서 여성스러운 스타일로 사랑스러운 신부의 모습을 연출하기에 적당한 헤어스타일이다. 반 묶음 웨딩 헤어를 연출할 때에 가장 주의할 점은 웨딩드레스의 소재나 디자인에 어울리는 머리 장식을 써야 하고, 자칫 산만해 보일 수 있는 긴 머리를 잘 정돈하여 지저분해 보이지 않도록 해야 한다는 점이다.

자연스러운 웨이브에 순백의 꽃으로 포인트를 주면 청초한 느낌을 줄 수 있다. 이런 꽃 모양의 머리 장식은 자연스러운 헤어 컬과 잘 어울린다. 좀 더 특이한 머리 장식으로 포인트를 주고 싶다면 깃털 장식을 이용할 수도 있다.

배우 한가인은 가운데 가르마를 타서 앞머리를 자연스럽게 뒤로 넘긴 반 묶음 웨딩 헤어를 했었다. 깔끔한 웨딩 헤어스타일로 꾸미지 않은 듯 청순한 신부의 이미지를 강조하였는데, 영화 〈로미오와 줄리엣〉의 올리비아 핫세를 떠오르게 한다.

♥ 업스타일

본식에서 가장 보편적으로 선택하는 헤어스타일이다. 그러나 컬링의 방향이나 고정시키는 헤어 도구, 고정 방법과 모양 연출에 따라 매우 다양한 스타일을 연출할 수 있다. 앞머리를 양 갈래로 땋아 귀 뒤로 넘길 수도 있고, 컬을 이용해 교차시켜서 핀으로 고정할 수도 있고, 과감하게 위로 틀어 올릴 수도 있다.

또한 위로 묶느냐 아래로 묶느냐에 따라 분위기가 전혀 달라진다. 위로 헤어를 업 시키면 발랄한 느낌을 줄 것이고, 아래로 묶으면 단아한 느낌을 줄 수 있다. 어떤 식으로 연출하는지에 따라 귀여운 스타일, 단아한 스타일, 세련된 스타일 등을 만들 수 있다. 업스타일 헤어의 옆 부분이나 뒷 부분에 꽃이나 진주 등의 머리 장식을 주면 더욱 멋이 날 것이다. 신부들이 기본적으로 하는 면사포 없이 티아라만으로 포인트를 주어도 깔끔하고, 면사포의 위치에 따라서도 분위기가 달라질 수 있다.

세기의 결혼식이라 불렸던 장동건과 고소영의 결혼식에서 고소영은 업스타일을 선택했다. 자칫 밋밋해 보일 수 있는 헤어에 시폰 소재의 코르사주로 포인트를 주어 소녀 같은 발랄함을 연출했다. 완전한 업스타일은 아니지만 드라마 〈최고의 사랑〉 마지막 회에서 공효진이 선보인 질끈 묶은 헤어와 진주 장식의 헤어밴드는 개성 있는 연출을 보여 준 예이다.

♥ 단발 스타일

최근 몇 년간 짧은 헤어스타일이 유행하면서 단발머리도 웨딩드레스와 잘 어울릴 수 있다는 것을 보여 주고 있다. 단발머리는 나이를 어려 보이게 하고, 앞머리를 내려도 잘 어울린다는 장점이 있다. 특히 얼굴형 커버를 원하는 신부들에게 역삼각형의 얼굴이나 각진 얼굴의 단점을 보완할 수 있어 얼굴의 윤곽을 고스란히 노출해야 하는 업스타일보다 큰 사랑을 받고 있다.

같은 단발머리라고 해도 머리 길이나 앞머리, 헤어 장식에 따라 서로 다른 분위기를 낼 수 있다. 단발은 귀여운 이미지를 풍기기 때문에 큰 리본이나 깜찍한 느낌의 면사포가 잘 어울린다. 특히 키가 작은 신부들에게 짧은 머리가 더 잘 어울린다.

짧은 머리로 웨딩 헤어를 연출할 때에는 핀으로 고정해서 귀여운 이미지 연출도 가능하고 자연스럽게 웨이브를 주어 여성스러움을 강조할 수도 있다. 티아라를 약간 비스듬히 써도 귀엽고, 화관으로 화사한 이미지를 주어도 예쁘다. 머리카락이 어깨에 닿는 정도의 미디엄 헤어라면 자연스럽게 바깥으로 컬을 말아 시크한 헤어를 시도해 보는 것도 좋을 것이다.

단발머리 신부하면 제일 먼저 떠오르는 스타는 강혜정. 뱅스타일의 짧은 단발에 커다란 리본을 꽂아 러블리한 이미지를 연출하였다. 뭔가 색다른 스타일을 연출하고픈 신부에게 추천하고 싶다. 만약 이 스타일이 부담스럽다면 웨딩 촬영 때 해 보는 것도 좋겠다. 실제로 웨딩 촬영에서 독특한 스타일을 시도하는 신부들이 많으니 말이다.

♥ 긴 머리 스타일

웨딩 촬영에서 가장 흔한 머리는 땋아서 내리는 스타일이다. 이는 다양한 변형을 줄 수 있기 때문이다. 하지만 요즘은 자연스럽게 긴 머리를 가지런히 풀어 내리는 스타일도 많이 선호되고 있다. 일반적으로 스트레이트보다는 풍성한 볼륨과 물결치는 듯한 웨이브로 연출하는 편이다.

롱 웨이브 헤어는 로맨틱한 분위기와 러블리한 이미지를 연출할 수 있다. 또한 여성스러움을 한껏 강조할 수 있기에 모든 예비 신부들의 로망이기도 하다.

긴 머리 스타일이 우아한 반면, 나이 들어 보인다고 생각할 수도 있다. 이럴 때는 앞머리를 내려 얼굴을 작아 보이게 하는 동시에 동안 효과를 노릴 수 있을 것이다. 한편 헝클어진 듯한 웨이브를 주어 숲 속의 요정 같은 빈티지 스타일도 고려해 보면 좋을 것 같다. 영화〈너는 내 운명〉의 전도연을 보라. 얼마나 청순하고 사랑스러워 보이는지. 아마도 자연스럽게 나풀거리는 롱 헤어는 영원한 남자들의 로망이 아닐까 싶다.

내 얼굴형에 딱 맞는 헤어스타일

♥ 동그란 얼굴

볼륨 없는 업스타일은 동그란 얼굴을 더욱 도드라지게 만들기 때문에 피해야 한다. 정수리의 볼륨은 살리고 옆머리의 볼륨은 죽이는 스타일링을 해야 하며, 앞머리가 짧은 오드리 헵번 스타일을 추천한다.

둥근 얼굴형은 굵은 컬의 웨이브 헤어보다는 차분한 스타일이 잘 어울린다. 웨이브가 많이 들어가면 오히려 둥근 얼굴형을 강조하게 되어 얼굴이 둥둥 떠 보이는 느낌이 들 수 있기 때문. 앞머리가 있다면 앞머리 쪽만 살짝 볼륨감을 준 업스타일이 예쁘다.

　머리 장식은 부풀린 업스타일에 높이가 있는 장식을 사용해서 우아하면서도 시크한 느낌의 기품 있는 분위기를 연출하는 게 좋다.

♥ 역삼각형 얼굴

　역삼각형의 얼굴은 앞머리가 흐르는 듯한 반 업스타일이 제격이다. 업스타일의 경우에는 목선에서 볼륨이 연출되는 스타일을 해야 얼굴의 뾰족한 부분을 부드럽게 해 주는 효과를 줄 수 있다.

　광대뼈가 도드라진 얼굴은 웨이브로 옆선을 부드럽게 보완해 주고, 심플하게 넘긴 업스타일은 광대를 강조할 수 있으니 피하는 것이 좋다.

　머리 장식은 티아라나 이마를 가리는 종류는 되도록이면 피하고, 얼굴이 아닌 헤어에만 장식하는 것이 좋다.

♥ 각진 얼굴

　얼굴이 각졌다면, 단아한 느낌의 머리 연출보다는 잔머리가 자연스러워 보이는 웨이브 반 업스타일이나 컬을 살린 단발이 잘 어울린다. 턱이 각진 얼굴은 자칫 인상이 강렬해 보일 수 있기 때문에 부드러운 웨이브를 주어 헤어를 자연스럽게 늘어트리는 것이 예쁘다. 업스타일보다는 반묶음이나 땋은 머리를 추천한다.

　머리 장식은 헤어를 자연스럽게 연출한 후, 꽃으로 장식된 큼직한 화관이나 티아라로 연출을 하면 좋다.

♥ 긴 얼굴

긴 얼굴형은 앞머리의 볼륨감을 어떻게 하느냐에 따라 얼굴이 달라진다. 옆머리에 볼륨감을 주어 자연스럽게 올린 업스타일이 긴 얼굴형에는 잘 어울린다. 아니면 앞머리를 강조해서 길이감을 줄여 주는 것도 괜찮다. 뱅스타일로 얼굴형을 커버하거나, 앞머리가 없는 경우 웨이브를 넣은 화려한 헤어로 얼굴형을 보완해 주어도 좋다.

머리 장식은 긴 얼굴을 커버하기 위해 티아라를 쓰고 면사포로 연출하는 것이 적당하다.

♥ 달걀형 얼굴

여자들이 가장 선호하는 얼굴형이 달걀형인데, 이 얼굴형에는 보편적으로 어울리는 심플한 헤어스타일이 좋다. 고급스러운 옆 가르마에 볼륨감이 없는 스타일도 괜찮은 선택. 다양한 머리 장식들로 포인트를 주어도 좋고, 색다른 장식들로 포인트를 주어도 좋다.

가장 궁금해요, 가격대

요새 일반적으로 신부들에게 인기 있는 메이크업숍의 가격대는 10만 원에서 20만 원대의 가격이 제일 많다. 그리고 20~25만 원 정도에 신부

어머니의 헤어, 메이크업을 한다. 예식장이나 동네에 있는 작은 미용실에서도 헤어와 메이크업을 같이 할 경우에는 보통 10만 원이 훌쩍 넘는 가격을 요구한다. 우리나라에서는 신랑, 신부의 부모님을 혼주라고 부르며 결혼식의 또 다른 주인공이라 여겨 메이크업에 유달리 신경을 쓴다. 예식 날 아침에 부모님과 함께 화장을 하는 것도 좋은 방법이다.

흥미로운 것은 아버지 메이크업이 생겨 난 것이다. 불과 몇 년 전까지만 해도 아버지들은 거의 메이크업을 하지 않았다. 간혹 메이크업숍에 함께 오면 피부 톤 정도만 서비스 받곤 했었다. 그런데 요새는 수요가 많아졌고 아버지들도 디테일한 요구를 많이 하기 때문에 거의 모든 숍에서 가격을 책정해서 받고 있다.

숍마다 차이가 있겠지만 5만 5천 원에서 8만 8천 원 선이고, 아직 10만 원을 넘지는 않고 있으니 참고하면 좋을 것이다.

웨딩링
Wedding Ring

100년의 가치를 지닌 서약의 증표
티파니에서 아침을

Breakfast At Tiffany's, 1961

보고 또 보아도 좋은 명화가 있기 마련이다. 예비 신랑 신부들과 상담을 할 때 늘 이야기해 주는 것 중 하나가 이런 명화처럼 보고 또 보아도 좋은 웨딩 아이템을 고르라는 것이다. 그럴 때 항상 드는 예가 1940년대의 오드리 햅번이다. 언제 보아도 여전히 세련되고 우아하며 사랑스러운 여자. 오버 사이즈의 선글라스와 매치한 검은색 니트, 그리고 긴 손가락 사이로 흘릴 듯 말 듯 담배를 피우는 모습은 역대 어느 배우도 흉내 낼 수 없는 그녀만이 풍길 수 있는 매력이다.

영화 〈티파니에서 아침을〉에서 등장하는 반지마저도 그녀의 이런 유니크함을 더욱 돋보이게 한다. 이 영화에서 주인공 남녀의 결혼 신은 없

Breakfast At Tiffany's

다. 어떻게 보면 이 영화 속 반지가 '웨딩링'과 어떤 연관이 있느냐고 묻는 분들도 있겠지만, 지금부터 이 이야기를 따라 읽다 보면 고개가 절로 끄덕여질 테니 잠시만 정독해 주시길 부탁드린다.

이 영화 속에서 두 남녀가 반지를 주고받으며 백년가약을 하는 신은 등장하지 않는다. 하지만 사랑하는 이에게 선사하는 반지 본연의 의미를 충분히 느낄 수 있는 영화인데다, 웨딩링으로 응용하기에 더없이 좋은 요소들이 많다. 더구나 약 70년 전의 티파니(Tiffany)의 모습을 볼 수 있으니 즐거운 일이 아니겠는가. 인종과 시대를 초월하는 배우 오드리 헵번과 모든 보석을 아우르는 명가 티파니라는 브랜드는 닮은 것 같기도.

홀리는 부자라면 사족을 못 쓰는 철부지 속물이다. 심지어 새벽에 집으로 돌아가는 길에 피곤한 몸을 이끌고 티파니 매장 앞을 물끄러미 바라볼 정도다. 그런 홀리를 사랑하는 가난한 작가 폴. 어느 날 폴에게 약간의 원고료가 생기자 둘은 함께 자축하는 의미로 아침부터 서로가 해 보지 않은 일을 하기로 한다. 일종의 데이트라고나 할까. 홀리는 자신이 사랑하는 장소인 티파니 매장으로 향하고, 폴은 선물을 하겠다고 한다. 수표를 꺼내는 폴에게 홀리는 10달러 미만의 선물을 받겠다며 도도하게 말하고, 매장 점원에게 가격에 맞는 것을 골라 달라고 한다. 그러나 그 금액에 살 수 있는 것은 전화 다이얼 막대 뿐······.

폴은 홀리에게 좀 더 로맨틱한 것을 선물하고 싶었는지 가슴에서 작은 반지 하나를 꺼낸다. 그 반지는 '크래커잭'이라는 과자 상자 안에 있었던 철제 반지. 폴은 매장 점원에게 그 초라한 반지를 내밀며 이니셜을 새겨 줄 수 있는지 묻는다. 반지를 받아 든 직원은 잠시 생각에 잠기더니 선뜻 그 다음날 아침까지 마무리해 주겠다는 약속을 한다.

그 유명한 티파니에서 철제 반지에 이니셜을 새겨 주다니. 어쩌면 폴의 순수한 사랑에 점원의 마음이 움직였던 것은 아닐까. 이 초라한 반지는 세상을 통틀어 가장 로맨틱한 반지로 많은 사람들의 기억에 새겨져 있다. 티파니에서 새겨 준 이니셜만큼이나 강렬하게.

아름다운 결혼식을 더욱 돋보이게 하는 찬란한 다이아몬드 반지도 물론 멋있지만, 영화 속 폴의 순수한 사랑의 증표인 철제 반지라 할지라도 충분히 가치 있지 않을까. 하지만 실제로 결혼식 순간에 손가락에 끼워진 반지가 철제 반지라도 진짜 행복해 할 사람이 있을지는 모르겠다. 물론 나 역시도 그 상황이 된다면 기함할지도 모를 일이니까.

어쨌거나 그만큼 반지의 물질적인 면보다 반지가 갖는 참뜻을 다시 한 번 생각해 보는 것은 중요한 일이 아닐까 싶다. 특히 예물을 준비하면서 벌어진 다툼으로 파경에까지 이른 커플을 보면 안타까움에 이런 생각이 더욱 절실하게 다가온다.

반지의 가격보다 사랑의 가격이 더 커야함을
우리는 왜 모를까.

웨딩링
Wedding Ring

반지를 수갑으로 만드는 여자,
반지를 행복으로 만드는 여자

　자, 상상해 보자. 한 남자가 나에게 반지를 선물했다. 무척 고마운 일이지만, 디자인도 마음에 들지 않고 어딘가 모르게 2% 부족한 것 같다. 그렇다고 이 남자가 나를 98%만 사랑하는 것이겠는가? 절대 그렇지 않다. 나를 행복하게 해 주려고 얼마나 고민하고 고르고 골라 준비했겠는가.
　"이 사람이 내 여자입니다!"라고 세상에 자랑하고 싶어서 근질근질하다가 생각해 낸 것이 바로 그 반지였을 것이다. 그 순수하고 예쁜 마음을 담아 선물한 것이 꼭 다이아몬드여야 할 필요는 없다. 그것이 〈티파니에서 아침을〉에서 등장한 철제 반지라 할지라도 가슴 속 바닥부터 벅차오르는 행복을 느끼기에는 충분할 것이다.

그렇기에 남자도 여자에게 반지를 선물할 때 꼭 잊지 말아야 할 것이 있다. 한 여자를 사랑하는 진심은 물론, 그 여자를 존중하는 마음을 빠트려서는 안 된다. 그저 작고 반짝거리는 귀여운 것으로 마음을 사려고 한다면, 그것은 곧 여자에게 장난을 치는 것과도 같은 일. 그만큼 반지라는 것은 사람의 관계를 증명하는 마음의 정표인 것이다. 그러니 결혼반지는 얼마나 더 의미가 깊겠는가.

보통 결혼을 하고 싶다는 생각이 들자마자 결혼반지에 대한 환상이 피어오를 것이다. 그런데 여자들 스스로 자꾸 잊어버리곤 한다. 어떤 마음이 담겨 있느냐에 따라 작은 수갑이 될 수도, 인생을 건 행복의 약속이 될 수도 있다는 것을 말이다. 간혹 마치 자동차나 아파트를 사는 것처럼 더 비싸고 큰 것을 '사 두면 좋다'는 식의 경제적 가치만을 따지는 사람들도 있는데, 너무나 슬픈 일이다.

비싸고 알이 큰 다이아몬드 반지를 예물로 받는다고 과연 100% 행복할까? 친구들에게 콧대 높이며 잠깐 자랑할 수는 있겠지만, 정말 마음 속 깊은 곳에서부터 우러나오는 행복일까? 물론 남자가 그 반지를 너무 쉽게 살 재력이 있는데다가 고르고 골라 고심 끝에 화려한 반지만큼의 마음을 담뿍 담아 선물했다면 무척 기쁠 것이다.

그러나 예물 때문에 서로 다투는 사례도 많고 심한 경우 양가의 충돌로 번져 파혼하는 경우를 보면 안타깝기 그지없다.

어떤 마음이 담겨 있느냐에 따라
작은 수갑이 될 수도, 인생을 건 행복의 약속이 될 수도 있다.

물론 서로의 사랑이 절절하지 않았기 때문이기도 했겠지만, 시련을 극복하고 마음을 연다면 얼마든지 행복해질 수 있는 연인들도 그런 문제로 이별하는 모습을 보았다. 물론 다른 사람의 인생에 감 놔라 대추 놔라 할 수는 없겠지만 때로는 신랑 신부를 각각 찾아가 제발 그러지 말라고 말리고 싶은 적이 한두 번이 아니다.

고가의 예물을 받으면 자연스럽게 예단도 고가의 품목으로 전달하는 것이 관례가 되어 버렸다. 욕심내서 받고 무리하게 해 주고, 몇십 년 전처럼 패물로 집을 사고파는 시대도 아닌데 굳이 그럴 필요가 있을까? 그 돈으로 더 알차게 쓸 수 있는 일이 정말 없을까? 안 주고 안 받기까지는 아니라 해도 손에 잡히는 물질적인 질량과 가격대에만 치중하지 말고 마음을 봐 주자는 것이다.

이 글을 읽는 여자 분들 중 마음이 조금 불편한 분도 있겠다. 자꾸 예물을 덜 받으라고 하는 것 같아서. 그런 건 아니다. 서로 예산을 세웠던 범위 내에서 최대한의 퀄리티를 찾고 예쁜 것을 찾으라는 의미지, 하지 말라는 것이 아니다. 남자 분에게도 좀 더 내 신부를 행복하게 해 주려는 본연의 마음을 잊지 말라는 뜻이다.

가끔 예물을 구경하면서 다툼을 하는 이유는 귀찮으니까 네가 좋은 거

알아서 사라는 식의 태도 때문이 대부분이다. 정말 곤란하다. 어차피 할 거니까 네가 고르라 해 놓고 상대가 "이거 너무 예쁘다!"하는데 거기다 대고 "나 참, 이렇게 화려한 걸 하고 다니긴 할 거 같아?" 또는 "에이, 뭐 맘대로 하든가."라는 식의 이런 태도는 무례하기까지 하다. 비단 남자 분들의 이야기만이 아니다. 요즘은 여자 분들 중에도 무딘 경우가 의외로 많다.

 천천히 같이 살펴봐 주고 내 액세서리 고르듯 세심하게 신경 써 주는 것이 그리 어려운 일은 아니지 않는가. 이렇게 다른 사람이 아닌 당신에게 내가 반지를 선물할 수 있어 너무 행복하다는 감정을 표현해 주는 것이 맞는 게 아닐까 싶다.

 한 가지만 기억하자.

 예물은 결혼 준비의 어떤 절차이기를 넘어서 '선물'이다.

 사랑하는 이들끼리의 '선물'.

웨딩링
Wedding Ring

웨딩링의 참뜻을 기억하라

 이제 웨딩에 대한 본연의 뜻을 새기는 마음의 준비는 되었을 테고, 본격적인 준비 방법에 대해 이야기해 볼까?
 자, 과연 얼마나 할지 궁금해 하는 분들이 꽤 많을 줄로 안다. 가격이 얼마나 들고 어떻게 예상해야 할까? 우선 웨딩링을 생각하면 가장 먼저 떠오르는 것은 다이아몬드. 캐럿만큼 가격도 천차만별이기에 글로 설명하기에는 아무래도 한계가 있다. 하지만 의외로 귀한 보석이니만큼 대부분 시중가나 가격 정보에 대해서 부족한 것은 사실일 터. 전반적인 테이블에 대한 정보를 숙지하는 것부터가 가장 중요할지 모르겠다.

예물숍 알아보기

♥ 렉스 다이아몬드

우아하고 여성적인 아름다움의 상징인 로코코 양식에서 모티브를 얻어 자유로운 곡선 디자인과 부드러운 색채의 하모니를 중시한다. 영국 귀족의 품격을 모토로 균형감과 섬세함이 돋보이는 주얼리가 장점.

가격대: 3부 다이아몬드 반지는 약 100~150만 원
　　　 5부 다이아몬드 반지는 약 200~250만 원
홈페이지: www.rex.co.kr
위치: 서울 강남구 청담동 89-21
전화: 02-3448-0926

♥ 베루체

화려하고 눈부신 다이아몬드의 빛을 연상시키는 브랜드 네이밍부터 눈에 띈다. 고급스럽고 정돈이 잘 되어 있는 매장 분위기 덕분에 둘러보기도 좋고, 홈페이지에서 견적 문의하기도 용이하다.

가격대: 3부 다이아몬드 반지는 약 100~150만 원
　　　 5부 다이아몬드 반지는 약 200~250만 원
홈페이지: www.veluce.co.kr
위치: 서울 강남구 청담동 101-23 성원빌딩 3층
전화: 1577-9747

♥ 백작부인

기품과 당당함을 보석에 새기겠다는 모토를 바탕으로 세심한 디자인이 장점인 곳. 고전적인 디자인을 추구하면서도 최신 트렌드를 적절히 믹스한 멋이 돋보인다.

가격대: 3부 다이아몬드 반지는 약 100~150만 원
　　　　5부 다이아몬드 반지는 약 200~250만 원
홈페이지: www.contessa.co.kr
위치: 서울 강남구 청담동 98-7 앙스돔빌딩 3층
전화: 02-518-1730

♥ 라비토

2대에 걸친 장인정신을 바탕으로 한 역사가 있는 숍이다. 보석을 하나의 가치와 신뢰로 생각하는 곳으로 신랑 신부와의 커뮤니케이션을 가장 중시한다.

가격대: 3부 다이아몬드 반지는 약 100~200만 원
　　　　5부 다이아몬드 반지는 약 300~350만 원
홈페이지: www.ravito.kr
위치: 서울 강남구 청담동 94-6 청담힐탑빌딩 3층
전화: 02-3445-6220

스타들의 결혼반지 Best 4

1 윤미래의 고무줄

여자들의 프러포즈 반지의 로망은 대부분 다이아몬드일 것이다. 그런데 고무줄로 반지를 대신했다면 어떠할까? 타이거 JK는 윤미래에게 고무줄을 감아 주면서 훗날 더 좋은 반지로 바꿔 주겠다고 프러포즈를 했다. 그리고 재래시장에 가서 2만 5천 원짜리의 값싼 반지를 끼고 결혼식을 올렸다. 겉으로 보이는 형식적인 것보다, 진실한 마음이 담긴 반지가 진정한 결혼반지가 아닐까.

2 고소영의 해피 다이아몬드

고소영의 결혼반지는 500만 원을 호가하는 명품 주얼리 브랜드 '쇼파드'의 제품이다. 간결한 디자인의 링과 테두리가 다이아몬드로 장식된 정사각형의 틀 속에서 자유롭게 움직이는 다이아몬드가 포인트다. 화려한 듯하면서도, 깔끔하고 단정한 느낌을 주는 반지. 고정된 다이아몬드가 아닌 기존의 틀을 깨는 무빙 다이아몬드는 참 매력적이다. 고소영의 감각이 엿보이는 결혼반지라고 할 수 있겠다.

3 이영애의 참깨 다이아몬드

일명 '참깨 다이아' 반지로 불리는 이영애의 결혼반지는 화이트 골드에 참깨만한 사이즈의 다이아몬드가 박혀 심플함이 돋보인다. 정식 명칭은 멜리 다이아몬드로 0.01캐럿 이하의 작은 사이즈의 다이아몬드를 말한다. 이영애의 반지는 명품으로 200만 원대로 추정된다. 그러나 보통의 제품은 최저 30만 원대에도 살 수가 있다. 큰 사이즈의 다이아몬드보다 비교적 합리적인 가격이라 최근에 젊은 커플들이 자주 찾는다고 한다. 최근에 예물이 실용적으로 변화하고 있기 때문이다.

4 강성연의 오더메이드 반지

강성연의 결혼반지는 본인이 직접 디자인에 참여한 '오더메이드' 제품이다. 심플한 밴드에 측면으로 멜리 다이아몬드와 탄생석을 매치했고, 신부는 핑크 골드, 신랑은 화이트 골드로 한 점도 색다르다. 결혼반지는 그 의미가 남다른 만큼 고가의 명품 브랜드나 다이아몬드의 크기에 치중하기보다는 본인들의 취향에 맞게 디자인해 보는 것도 좋을 듯하다.

혼주 패션

Fashion of the Brides & Grooms' Father

결혼식의 또 다른 주인공, 혼주

대부

Mario Puzo's The Godfather, 1972

당신의 어린 시절이 궁금하다. 엄마 아빠 말을 잘 듣는 타입이었는지, 아니면 악을 쓰고 떼를 쓰면서 엄마 아빠의 허리띠를 졸라매게 하는 철부지였는지. 이유를 불문하고 모든 자식은 부모의 빛과 희망, 그리고 짐이다. 이 진리는 결혼식에도 적용된다. 금이야 옥이야 키웠던 아들, 딸을 보내야 하는 부모는 홀가분하면서도 마음 한편은 무거워지기도 한다. 엄마와 딸, 엄마와 아들, 아들과 아빠 사이⋯⋯. 이렇게 말만 해도 찡해지는 무언가가 있다. 성인 남녀 누구나 부모님에 대한 저릿저릿한 감정은 굳이 설명하지 않아도 될 것이라 생각한다. 그 중에서도 딸과 아빠, 즉 신부와 친정아버지의 느낌은 각별할 것이다.

웨딩플래너를 직업으로 둔 덕택에 숱하게 많은 결혼식을 보게 된다. 친정엄마와 신부가 눈시울을 적시는 모습은 자주 볼 수 있다. 그런데 가끔은 친정아버지나 남동생들이 눈물을 훔치기도 하는데 보는 사람들로 하여금 뭔가 찡한 감정을 느끼게 한다. 그렇다. 혼주 역시 결혼의 주인공이다.

물론 결혼은 신랑 신부 당사자들의 행사지만 우리나라에서 결혼식은 신랑 신부만의 것은 아니다. 신랑 신부가 정신없이 식에 참석하느라 무엇을 느낄 겨를조차 없을 때 부모님들은 만감이 교차하는 가슴을 부여잡고 식장에 계시기 때문이다. 특히나 요즘 식전에 보통 혼주와 신랑 신부의 어린 시절의 모습을 엿볼 수 있는 영상물을 틀어 주고는 하는데 그것을 보고 있노라면 정말 세월이 그렇게 빠르게 흘렀다는 것이 신기할 따름이다. 청년인 아버지와 수줍은 아가씨 같은 어머니가 아기인 신랑 신부를 안고 찍은 기념사진들……. 놀랍기도 하고 짜릿하기도 하다.

영화 속 아버지와 딸의 모습 중 가장 멋졌던 것은 단연 〈대부〉라고 자신 있게 말할 수 있다. 〈대부〉의 돈 비토 코르네오네! 중년 남성의 로망이자 '중년 남자라면 이래야 한다'는 것을 보여 주었다고나 할까.

그의 딸의 결혼식에는 그 패밀리, 혹은 패밀리가 되고 싶은 사람들로 붐빈다. 날씨는 아주 좋고 남자들은 모두 턱시도를, 여자들은 아름다운 가운으로 멋을 냈다. 음악이 계속 흐르면서 사람들은 춤을 추고 와인을 마시고 음식을 즐기며 그야말로 한낮부터 제대로 파티가 벌어진다.

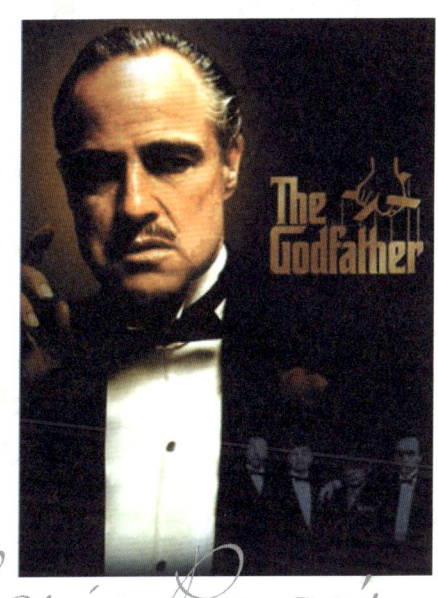

대부_ 혼주 패션

코르네오네는 뭐랄까 그 이름만으로도 전지전능한 느낌이다. 그가 패밀리 비즈니스의 전성기를 구가하는 당시에는 날아가는 새도 떨어뜨릴 것 같은 전능함을 보여 주니 말이다. 스타가 되지 못해 울먹이는 아들을 위해서 기꺼이 총구를 겨누어 누구도 함부로 거절할 수 없는 제안을 하는 마피아의 두목. 그렇지만 범죄 행위 같은 것들은 다 접어 두고 결혼식 주인공 신부의 아버지로만 본다면 그렇게 스타일 나고 근사한 모습이 아닐 수 없다.

우리네 결혼식엔 양가 어머님들끼리 같은 한복을 입고 입장하지만 아버님들은 어떤가? 갖고 계신 양복 중에서 깨끗한 것으로 골라 입으신다. 새로 맞춰 입으신다고 해도 튀지 않는 색과 무던한 디자인의 타이로 최대한 정숙하게 입고 오신다. 슈트를 멋지게 입기보다는 자리가 자리인 만큼 예의를 갖추고 구색을 맞추는 정도의 느낌이랄까? 그런데 영화 속 코르네오네는 클래식하고 드레시한 스리피스 슈트에 붉은 장미 코르사주까지 곁들여서 카리스마에 감각적인 모습까지 더해 더할 나위 없이 멋지다. 그야말로 핫하다.

턱시도를 갖춰 입고 사람들의 환호를 받으며 신부인 딸의 손을 잡고 무대에 올라 여유롭게 춤을 리드하는 아버지 코르네오네의 모습은 소름이 돋을 정도. 내가 만약 그의 딸이라면 시집가는 것을 취소하고 "평생 아빠의 딸로만 살 거예요!"라고 고백하고 싶어질 것 같다.

우리나라로 치면 가족과 친지들 기념 촬영인 원판 촬영 때, 〈대부〉 돈 코르네오네부터 그 패밀리의 남자들 전부가 멋지게 턱시도를 차려입고 서 있다. 대부의 아들이자 차기 대부가 되는 마이클 역의 젊은 알 파치노만이 제복을 입고 있을 뿐(그러나 제복 입은 모습도 그렇게 훌륭할 수가 없다). 진심 멋지다는 말이 절로 나오게 되는, 정말 맵시 나는 장면이 아닐 수 없다.

근사한 결혼식 풍경을 원한다면, 다른 결혼식에서 흔히 볼 수 없는 멋스러움을 원한다면 혼주에게 그 열쇠가 있을지 모른다. 혼주, 특히 아버지의 패션은 아직까지 한국에서는 많이 신경 쓰는 부분이 아니며, 아직은 생소한 부분이기 때문이다.

결혼식의 또 다른 주인공, 혼주. 그 중에서도 아버님의 패션을 잘 살펴보자. 2%를 챙기는 센스가 결혼식을 완벽하게 만들어 줄 것이므로.

Mario Puzo's

The Godfather

대부_ 혼주 패션

혼주 패션

Fashion of the Brides & Grooms' Father

결혼식의 완성은
혼주 패션으로 끝난다

　부모의 사랑은 '내리 사랑'이라고 했던가. 이 말은 결혼식에서도 적용된다. 내 아들, 내 딸이 돋보여야 하는 자리라며 한사코 단출하고 정숙한 의상을 고집하는 혼주들이 계시다. 그런 혼주분들께 한 말씀 드리고 싶다.
　"그러실 필요 없어요!"
　왜냐? 혼주도 결혼식의 주인공이기 때문이다. 생각해 보라. 철부지 아이들을 듬직한 신랑, 예쁜 신부로 키워 내신 부모는 조물주나 다름없다. 이리도 위대한 분들인데 스포트라이트를 함께 받아야 마땅하지 않겠는가. 혼주의 패션은 결혼식을 빛내는 또 하나의 아이템이다. 세련된 혼주는 신랑 신부를 돋보이게 한다는 사실을 일화로 증명하겠다.

1년 전쯤의 일이다. 여느 때처럼 어떤 신랑 신부의 결혼 준비를 도울 때였다. 언뜻 보기에 점잖고 검손한 분들이었는데 웨딩 촬영에는 큰 관심이 없었다. 그래서 웨딩 촬영은 생략하였고 드레스도 크게 욕심내지 않아 간소하게 골랐다. 그리고 심지어 신랑 예복은 갖고 있던 양복을 입겠다고 하고 드레스숍의 턱시도는 대여하지 않았다.

드디어 결혼식 날, 식장에 갔더니 보통의 다른 결혼식에서처럼 양가 어머님께서는 곱게 한복을 맞춰서 해 입고 오셨다. 특별했던 것은 양쪽 아버님들이었다. 두 아버님 모두 머리를 신경 써서 만졌다는 게 느껴졌고, 보타이(bow tie)에 턱시도까지 갖춰 입고 계신 것이었다. 정말 근사했다. 하객들의 반응도 폭발적이었다. 식이 진행되고 본식 촬영 때는 뭐랄까, 일반인들의 결혼식이 아니라 시대를 거슬러 고풍스러운 귀족의 결혼식 같은 느낌이 들 만큼 멋졌다.

보통 들러리를 세우거나 할 때도 턱시도를 입히지 않겠다고 많이 얘기한다. 신랑이 더 튀어야 하니까 신랑과 똑같이 입으면 안 된다는 이유 때문이다. 하지만 솔직히 양가 아버님들이 그렇게 차려입으시니 신랑이 오히려 사는 것이었다. 신랑은 신부와 함께 서 있으니 헷갈릴 이유가 전혀 없고 양쪽 아버님들께서 중후하고 근사하게 받쳐 주니까 신랑 신부가 한결 더 근사해 보였다.

많은 시간이 지났지만 지금도 그 장면을 생각하면 소름이 돋는다. 1시간이 채 안 되는 시간으로 공장처럼 돌아가는 예식장에서 형식적인 결혼식을 하는 분들이라면 모르겠지만 조금 품격을 갖추어 결혼식을 하고 싶다면 우리의 아버지들을 잘 꾸며 드리는 방법에 대해 생각해 보면 좋겠다. 신랑과 신부 그리고 어머님들까지 당연하게 최선을 다해 꾸미는데 왜 아버님만 그렇게 평범하냐는 말이다.

당신의 결혼식이 친구들의 결혼식과 달리 정말 스타일리시하며 멋지길 원한다면, 좀 더 품격 있길 원한다면, 신랑 신부 본인들만 꾸미고 멋 부릴 일이 아니다. 수입 드레스에 수십, 수백만 원을 추가하는 것보다 가족들, 특히 아버지에게 멋진 턱시도와 구두, 헤어와 메이크업을 해 드리는 편이 훨씬 더 효과적일 것이다.

사실 수천만 원의 거금이 드는 결혼 준비를 할 때 비용에 대한 걱정을 하지 않을 수 없다. 충분히 이해한다. 하지만 결혼식을 멋지게 하는 최후의 무기는 바로 혼주라는 것을 다시 한번 강조하고 싶다.

혼주 패션

Fashion of the Brides & Grooms' Father

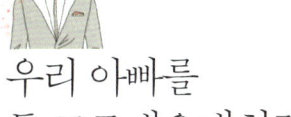

우리 아빠를
돈 코르네오네처럼

결혼식을 준비하면서 커플끼리 다투는 경우를 종종 보게 된다. 서로에게 실망해서라기보다는 준비 과정에서 쉽게 지치기 때문이다. 눈치 보며 월차 내서 웨딩 촬영을 하고, 퇴근하자마자 드레스숍으로 달려가 드레스를 고르다 보면 피로가 점점 쌓여 간다. 접시 하나 사는 데도 각자의 스타일을 따지느라 진땀을 빼야 한다. 어디 그뿐인가. 행여나 자기 부모님을 덜 챙길까봐 미묘한 신경전을 벌이기도 한다. 결혼을 하기 전에 녹초가 되어 버리는 것이다.

이렇게 본인 몸 하나 건사하기도 바쁜데 혼주의 패션을 챙기라고 하면 그게 무슨 소리냐고 되물을 수도 있겠다. 돈 들어가는 데가 한두 군데도 아닌데 말이다. 하지만 비용이 걱정된다면 지금부터 하는 이야기를 유심히 지켜봐 주시길 바란다.

비용에 대한 고민이 많다는 건 이해한다. 예비 신랑 신부들과 상담해 보면 가장 많이 걱정하는 부분이 금액에 대한 것이다. 그래서 나도 최대한 적은 비용으로 신랑 신부를 만족시킬 수 있는 구성을 하기 위해 노력한다. 하지만 영화 〈대부〉를 제대로 본 사람이라면 아버지의 턱시도를 포기할 수 없을 것이다. 나도 우리 집도 멋지게 보이고 싶은 마음을 도저히 포기하기 어려울 것이라 장담한다. 식장에서 가장 멋진 모습으로 자식을 보내는 부모님의 모습을 기대한다면 이렇게 해 보자.

우선 드레스숍에서 턱시도를 대여해 주는 과정을 알아보자. 요즘에는 드레스숍을 고를 때 몇 군데에서 입어 보고 결정을 할 수 있다. 약 세 군데 정도 돌아보며 신부가 직접 드레스를 입어 보고, 숍을 선정하면 그 숍에서 턱시도를 대여해 주는데 웨딩 촬영 때 한 벌, 결혼식 때 한 벌 이렇게 총 두 벌을 대여 받게 된다. 여기서 중요한 것은 턱시도는 두 벌만 대여해 주지만 촬영할 때나 결혼식 때 타이나 베스트 등의 소품은 여러 세트를 대여해 줄 수 있다는 점이다. 그렇지만 웨딩 촬영이 아닌 결혼식 때 신랑이 착용하는 것은 딱 한 세트! 그렇다. 눈치가 빠른 독자라면 이미 느낌이 왔을 것이다. 보타이(bow tie, 일명 나비 넥타이)를 한두 세트 더 대여해서 친정아버지 한 세트, 시아버지 한 세트 드리고 결혼식에 착용하게 해 드리는 것이다. 예쁘게 드라이한 슈트와 단정하면서 드레시한 보타이만 매도 아버님의 분위기가 사뭇 달라질 것이다.

하지만 문제가 모두 해결된 것은 아니다. 타이와 함께 챙겨야 할 아이템이 있다. 바로 셔츠! 보타이는 소위 '윙 칼라(wing collar)'라고 하는 드레스 셔츠(전체적으로 칼라가 빳빳하게 서 있고 끝만 살짝 뒤집어진 모양)와 함께했을 때 완성된다. 일반 셔츠에 하는 경우도 없진 않지만 보타이보다 칼라가 더 커서 사방으로 칼라가 보인다거나 하면 낭패. 이왕이면 더욱 멋스럽게 윙 칼라에 보타이를 해야 품격을 놓치지 않을 수 있다. 윙 칼라 셔츠라……. 멋스러운 것은 알겠지만 어디서 구한다?

하나, 드레스숍에는 윙 칼라 셔츠만 있다고 해도 과언이 아니다. 미리 얘기해서 셔츠만 두 벌 더 빌리는 것도 방법. 단, 큰 비용은 아니지만 그래도 어느 정도의 비용은 추가될 것이다.

둘, 어차피 비용이 추가된다면 셔츠를 두 벌 맞추는 것을 생각해 볼 수 있다. 요즘에는 수제 슈트 제작 업체를 통해서 윙 칼라를 맞춰 입고, 예식이 끝난 후에는 일반 칼라로 변형해 입을 수 있다. 이렇게 멋진 셔츠를 한 벌씩 선물해 드리는 것도 의미 있는 일이다. 수제 셔츠 제작 비용은 4만 원부터 20만 원 이상까지 다양하다.

자, 그럼 슈트는 가진 것을 입으시고 셔츠만 대여하거나 제작 구입하는 방법을 알아보았다. 이것이 아버님들을 멋지게 꾸며서 더욱 멋진 결혼식을 만드는 최소 비용의 방법이다. 저렴하게 한다면 셔츠 대여 혹은 셔츠 맞춤 등의 비용으로 10만 원 정도면 충분할 수 있으니 말이다. 가족들에게 가장 큰 행사인 결혼식을 앞두고 양가 아버님들과 남동생 등 남자 형제들에게도 각각 양복을 한 벌씩 해 주는 경우도 종종 있다. 그럴 때는 기성복으로 구입하지 말고 수제 슈트 전문점을 이용해 보자.

생소하지만 꼼꼼하게 살피자, 턱시도 업체

♥ 권오수 클래식

남성 클래식 맞춤 슈트의 전통을 이어 오고 있는 곳. 40년 테일러링 노하우와 모던한 감성을 바탕으로 절제된 멋을 살리는 디자인으로 유명하다.

대여 비용: 본식/웨딩 촬영용 총 88만 원
홈페이지: www.kwonohsooclassic.com
주소: 서울 강남구 신사동 585-11 삼미빌딩
전화: 02-514-1222

♥ 아르코발레노

　드레스숍에서 턱시도 디자인이 마음에 안 들어서 고르지 못했다면, 아르코발레노의 특별 턱시도 대여 서비스를 이용해 보자. 남성 특유의 댄디한 라인을 살려 제작했다. 맞춤일 경우 평상복으로 교체해 주기 때문에 맞춤식도 고려해 보면 좋을 듯.

대여 비용: 본식/웨딩촬영용 총 20만 원
홈페이지: www.arcovaleno.co.kr
주소: 서울 중구 을지로3가 104-1(본점)
전화: 02-2267-9711

턱시도 용어 알아 두기

♥ 보타이

　일명 나비 넥타이. 신랑은 블랙 컬러를 착용하는 것을 기본으로 한다. 만약 블랙 컬러가 아니라 해도 반드시 커머밴드와 같은 색상으로 맞추는 것이 원칙.

♥ 커머밴드

벨벳 소재의 넓은 허리띠를 말한다. 주름지게 착용하는 것으로 주름이 위로 가게 해 주어야 한다.

♥ 윙 칼라 셔츠

보타이에 꼭 착용해야 할 셔츠다. 칼라의 끝부분이 뾰족하게 접힌 모양을 말하며 턱시도에는 기본 매치 아이템.

♥ 베스트

슈트와 셔츠 안에 입는 조끼. 슈트 색상과 비슷한 톤으로 맞추는 것이 기본이고 실크 소재가 좀 더 라인과 품위를 살려 준다는 점, 잊지 말자.

♥ 포켓치프

포켓 행커치프의 줄임말이다. 슈트의 가슴 포켓을 장식하는 손수건을 말하는데, 결혼식 때는 꽃을 꼽는 것이 원칙이지만, 화려하면서도 비비드한 프린트가 된 원단으로 작게 제작해도 멋스럽다.

수제 슈트 전문점이라고 하면 왠지 부담스럽게 느껴지지만 그렇지 않다. 수제 슈트 전문점은 한마디로 턱시도 전문점이다. 핸드메이드 슈트를 판매하는 곳이기 때문에 업체에 따라 단가도 제각각, 제작 과정이나 서비스도 제각각이긴 하지만 공통적인 것은 결혼식을 위해 옷을 변형해 준다는 것이다. 연예인들이 시상식 때 입는 턱시도, 보기만 해도 멋진 그 옷들은 대부분 수제 슈트 전문점들에서 만든 옷인 경우가 많다.

남자의 슈트는 디자인이 다양하기보다는 소재와 핏, 아주 작은 디테일에서 옷의 레벨이 달라진다. 수제 슈트 전문점에서는 옷의 깃에 결혼식 때는 실크를 덧대며, 단추들도 실크로 감싸 싸개 단추로 만들어 드레시하게 만들어 주고 식이 끝나면 평소에 입을 수 있도록 깃과 단추를 무료로 변형해 준다. 가격대는 50만 원대부터 시작하며, 고급스럽게 하더라도 80만 원 안팎에서 가능하다. 이태리 정통 클래식 슈트라도 150만 원 안팎. 그야말로 명장이 만드는 옷의 환상적인 핏을 경험해 볼 수 있는 기회이니 가족의 남성 구성원에게(양복을 한 벌씩 맞출 계획을 갖고 있다면) 손쉽게 구입 가능한 기성복 말고 수제 슈트를 선물해 주길 권한다.

허니문
Honeymoon

달콤하고 짜릿한 단 한 번의 여행

우리 방금 결혼했어요

Just Married, 2003

결혼식을 치른 이들은 하나같이 이렇게 말한다.

"그렇게 정신없이라도 결혼식을 끝까지 견딜 수 있었던 이유는 바로 허니문 때문이었어!"

생애 가장 달콤하고 환상적인 여행이라면 단연 허니문. 사랑하는 이와 단둘이 떠나는 미지의 여행지만큼이나 기대되는 곳이 또 있을까.

호화로운 풀빌라 패키지 허니문을 원하는 사람도 있고, 유럽으로 배낭여행을 떠나는 이들도 있는가 하면 급기야 히말라야로 극기 체험을 떠나는 커플도 있다(실제로 있다! 사실이다!).

Just Married

우리 방금 결혼했어요_허니문

최근에는 이색적인 허니문을 찾는 커플이 크게 늘었다. 남들과 다른 우리만의 특별한 추억을 만들고 싶다는 것. 이런 오더에 웨딩플래너로서 다양한 아이디어를 전달하곤 하지만 한편으로 허니문의 진짜 의미를 느껴 보길 더욱 권하고 싶은 심정이다.
　잊히지 않는 추억보다 죽어서도 잊을 수 없는 단 한 명과 서로를 알아 가는 시간, 그것이 바로 허니문이 아닐까 한다. 그런 의미에서 영화 〈우리 방금 결혼했어요〉를 추천하는 바. 세상 가장 로맨틱한 허니문을 꿈꾸고 있다면 이 영화를 꼭 감상하길 바란다.

　새라는 모든 것을 갖춘 여자다. 부와 명예를 누리는 부모님 슬하에서 미모와 재능을 겸비한 그녀야말로 재원. 운동 잘 하지, 유식하지, 게다가 역사도 해박한 보기 드문 퀸카다. 그런 그녀의 사랑의 작대기가 '순도 100% 남자' 톰에게 향하면서 그들의 운명이 본격적으로 시작된다.
　아, '순도 100% 남자'가 무슨 뜻인지 궁금해 하는 분들도 있겠다. 여자 관점일 수도 있겠지만, 소위 '뼛속부터 오리지널 남자'를 말한다. 즉, 아주 평범하게 자라서 보이는 대로 받아들이고, 긴장감 넘치는 스포츠에 열광하고, 사랑에 빠지는 대로 열렬히 사랑하는 단순하면서도 건강한 순진남. 그야말로 우리 주변의 진짜 보통 남자 말이다.

　엄친딸 새라와 순정마초 톰은 급속도로 사랑에 빠진다. 파릇한 청춘의

치명적인 독, 사랑에 마비되다.

한 가운데서 아무런 거리낌 없이 새라가 활짝 웃는 얼굴로 톰에게 말한다.
"너랑 결혼하고 싶어."
톰은 환희에 찬 표정으로 대답한다.
"나도."

결혼이라는 게 이리도 쉬울 수가! 둘은 서로에 대해서 잘 알고 있기나 한 걸까? 생활을 함께하면서 어떤 문제가 생길지 앞뒤를 전혀 재지 않는다. 누가 이들을 무지하고 경솔하다 하겠는가. 다 그놈의 사랑 때문인 것을.
 만나고, 반하고, 불같이 타오르는 사랑에 모든 것을 다 가진 것 같은 충만함. 누구나 이런 경험을 해 본 적이 있을 것이다. 사랑 하나만으로 우주 전체가 뒤바뀌는 듯한 느낌 말이다. 짜릿하게 행복하다가도 저릴 만큼 슬프고, 죽을 만큼 괴로웠다가 사랑하는 그 사람의 전화 한 통에 천국에 있는 듯한 그 기쁨이란……. 새라와 톰은 그저 이성의 눈을 가려 버리는 치명적인 독, 사랑에 마비된 것이리라.

사랑에 빠진 두 남녀는 화려한 결혼식을 마치고 허니문을 떠난다.
"허니문? 결혼하기엔 너무 어린 것 같은데요?"
가는 곳마다 같은 얘기를 숱하게 들으면서 시작된 허니문은 정말 그야말로 우여곡절의 연속. 호텔에서 전기 사고를 내는 것부터 시작해 호텔 지배인과 싸워서 쫓겨나고, 싸구려 모텔에 들어서자마자 벽을 부숴 옆방에 민폐를 끼치는가 하면, 2인용 소형 렌트카를 타고 가다 눈 속에 파묻혀 좁은 차 안에서 밤을 지새우기도……. 그런데도 이 괴상한 허니문에 신이 나서 깔깔대다가 또 갑자기 별일 아닌 일에 화를 내고, 서로를 의심하다가 결국 이별을 하는 지경에까지 이른다. "우리는 사랑을 한 게 아닐지 몰라."라는 가슴 아픈 마지막 말을 건네며 뒤돌아서는 두 사람. 이게 마지막은 아니다! 이 영화는 진짜 로맨틱 코미디가 아닌가. 물론 엔딩은 이렇게 우울하게 끝나지 않는다.

어쨌든 이 정신 사나운 허니문 이야기는 철없는 두 남녀의 불같이 타오르는 사랑과 엉뚱한 질투 그리고 허탈과 슬픔, 모든 감정을 보여 준다. 비단 남 이야기는 아닐 터. 나 역시 이 영화를 처음 보았을 때 파릇한 청춘이었고, 철없이 사랑을 하던 때이기도 했다. 당시 이 영화를 볼 때만 해도 훈훈한 애쉬튼 커쳐의 모습과 발랄한 브리트니 머피의 매력에만 폭 빠져 있었지, 남녀의 사랑 궤도까지는 느끼지 못했었다.

그러나 10년이 지난 지금, 다시 보니 역시 나는 나이를 먹긴 먹었나 보다. 이들의 철없음이 어찌 이리도 눈에 빤한지. 아무런 마음의 준비도 없이 사랑 하나만 믿고 떠났던 그들의 허니문은 결국 전쟁터가 되고 말았다. 예기치 못한 사건이 벌어져서가 아니다. 타지에 가면 그런 엉뚱한 일들은 생길 수도 있는 것 아니겠는가. 다만 그런 엽기적인 일을 겪더라도 상대가 무엇을 좋아하고 싫어하는지 충분히 알고 있었다면 서로를 더 의

지했을지도 모른다. 아니, 적어도 헤어질 결심은 하지 않았을 것이다.

톰은 새라에게 이런 질문을 한다.
"나 말고 피터 같은 남자와 결혼하는 걸 원하지 않아?"
새라는 이렇게 답한다.
"내가 앞으로 어떻게 살게 될지 아는 채로 살고 싶다면, 피터 같은 남자와 결혼하길 원했을 수도 있어. 하지만 아니야. 난 모른 채인 게 좋아. 이런 난장판 같은 사랑이 좋아. 자기의 더러운 차도 사랑해."
그래, 이거다! '있는 그대로 당신의 지금 모습 그대로를 사랑한다'는 말. 앞으로 우리에게 어떤 일이 생긴다 해도 두렵지 않을 사랑이야 말로 결혼을 결심하게 하는 마음 아니겠는가. 그래서 결혼 서약을 할 때도 검은 머리가 파뿌리가 되도록 슬플 때나 병들 때나 언제나 사랑할지를 묻는 것이겠고.
하지만 이제 세상을 아는 우리 어른들은 모두 알고 있다. 내가 목숨을 걸만큼 사랑하는 연인이라도 그가 좋아하는 모든 것을 좋아할 수도 없고 평생 그 사랑이 똑같지도 않다는 것을. 그런데 '정말' 어른의 사랑은 어른의 방법으로 지켜 가기도 한다.
진짜로 아파트에서 짐을 모두 찾아서 나간 새라의 행동에 위기감을 느낀 톰이 어찌할 바를 모르고 아버지를 찾아가는데, 그때 아버지가 이런 말을 한다.

"엄마와 나는 평생 사랑했고, 그렇지 못할 때는 사랑하려고 노력했다."
결혼이라는 것은 몇십 년의 노력이 필요한 법. 그런 긴 시간을 함께하기에 앞서 결혼식 후 둘만의 달콤한 시간을 보내면서 서로를 탐구하고, 또 앞으로의 계획을 세우는 시간이 바로 허니문이 아닐까 한다. 물론 좋은 휴양지에서 평화롭게 즐기는 것도 좋겠지만, 한편으로 같이 다양한 경험을 하고 여러 상황을 함께 겪어 보기를 권한다. 짧은 며칠이지만 그 시간을 함께했다는 것에서 또 다른 유대감이 생겨날 수도 있고, 상대의 진면목을 볼 수도 있기 때문.

종종 허니문에 대한 환상을 갖고 웨딩플래너에게 본인의 꿈속 이야기 하는 분들이 있다. 그 마음도 이해는 하지만, 좀 더 깊은 의미를 깨닫기 바란다. 더불어 상대의 모습을 알아 가기도 하지만 나의 모습 또한 상대에게 어떻게 비추어질지 다시 한번 생각해 보는 시간이 되길 바란다.

허니문
Honeymoon

허니문어드벤처

나만의 허니문 계획 짜기

    결혼 준비 중 허니문만큼은 서로가 의논을 많이 하게 된다. 바쁜 직장 생활에 쫓겨 제대로 여행 한 번 가기 어렵다 보니 가고 싶은 곳도 많고 하고 싶은 것도 많을 터. 나 역시 웨딩플래너지만 한 순간이라도 머리에 남고 가슴에 남는 허니문을 꿈꾸는 것은 다른 분들과 똑같다.

    대부분 거의 해외로 나가다 보니 여행사의 패키지 상품을 이용하는 분들이 많지만, 조금 불편하고 신경 쓸 것이 많아도 나만의 이색 여행을 준비해 보는 것은 어떨까. 둘만의 여행인 만큼 함께 준비하면서 서로에 대해 더 알아 갈 수 있고, 가까워지는 계기도 될 수 있을 것이다. 물론, 엄청

나게 울며불며 싸울지도 모른다. 그러나 다 피가 되고 살이 되는 법. 〈우리 방금 결혼했어요〉의 톰과 새라처럼 핑크빛 허니문만 꿈꾸다가 현지에서 싸우고 각자 돌아오는 것보다야 백번 낫지 않겠는가.

그럼 셀프 허니문의 준비는 어떻게 하면 될까? 꼼꼼히 따져 가며 준비하면 어렵지 않다. 물론 그 '꼼꼼'이 가장 어렵긴 하지만.
그럼 하나씩 살펴보도록 하자.

 지역을 정한다

우선 여행 사이트 위주로 정보를 찾고 여행지 몇 개를 후보로 정한다. 그런 다음 골라 놓은 여행지마다의 유명 커뮤니티를 들어가되, 예비부부들의 커뮤니티는 조금 멀리하는 것이 좋다. 주로 이래서 불편하다, 저래서 힘들다 등등 부정적인 리뷰가 많아 과장된 경향이 있다.
그러니 지역을 정한 후 대략적인 계획이 나오기 전까진 이런 커뮤니티는 조금 멀리 할 것!

 예산을 정한다

　예산은 그 지역의 유명 여행 커뮤니티를 통해 직접 따져 봐야 한다. 이 점이 꽤 어려울 수도 있는데, 보통 자유 여행 기준으로 조사를 해 본 뒤 다양한 사례를 통해 예산안을 여러 개 만들수록 좋다. 환율을 고려해 한화로 얼마쯤 필요할지 따져 보는 것도 중요하다.

 대화를 한다

　여행지에 관한 공부를 하기 전에 두 사람이 충분한 대화를 나누는 것이 가장 중요하다. 여행을 가서 이런 것을 하고 싶다, 이런 것은 싫다, 여기는 꼭 가고 싶다 등등 이야기를 많이 해 놓으면 나중이 편하다.
　의견 차이 때문에 싸울 일도 적어지고, 서로에 대해서 더 자세히 알게 되는 기회가 될 것이다.

 공부를 한다

　교통편이나 약도를 미리 익혀 두는 것이 좋다. 보통 이 길이 맞네 아니네 하면서 토닥거리다가 눈물 바람을 내며 싸움이 되는 경우가 많은데, 이때를 대비해 한 사람이라도 정확히 정보를 숙지하고 있으면 괜한 감정 소모를 하지 않아도 된다.
　또한 맛집 정보도 무척 중요하다. 여행의 백미는 바로 그 나라의 고유 음식을 접해 보는 것 아니겠는가. 예를 들어 외국인이 우리나라에 여행 와서 한우 불고기를 먹고 싶었는데, 잘 몰라서 이름 모를 백반집에서 대충 불고기 백반을 먹었다고 하자. 정말 안타깝기 그지없다. 마찬가지다. 가면 다 있겠지 하고 무턱대고 갔다가 맛도 맛이지만 자칫 배탈이라도 난다면, 그게 무슨 낭패란 말인가. 한 번뿐인 허니문을 그런 식으로 망치는 것은 너무 아깝다. 출발 전에 미리 정보를 준비하는 것, 필수다.

5th 여행 전문가에게 견적을 의뢰한다

　어디로 갈지 서로가 의논해서 정했고, 가서 무엇을 할지도 정했다면 예산 검증이 필요하다. 특히 허니문 예상 경비는 잡기 나름이기 때문에 조목조목 정확하게 따져야 한다. 여행 전문가에게 견적을 의뢰하는 것이 좋은데, 단 2nd에서 언급했던 예산을 꼭 먼저 세워 놓아야 한다. 여행 전문가라 할지라도 내가 원하는 것이 무엇인지, 내가 궁금한 것이 무엇인지 속속들이 잘 알 수는 없지 않은가. 내 것은 항상 내가 챙겨야 하는 법.

 직접 알아봤을 때의 금액과 비교하여 결정한다

직접 예산을 짠 것과 여행 전문가에게 의뢰하여 받은 견적을 비교해야만 한다. 물론 굉장히 귀찮고 머리 아픈 일이다. 이런 점에서 패키지가 골치 아플 일이 없어 편할 것 같지만 맞춤형 여행이 훨씬 값진 추억을 남길 테니 조금만 고생하도록.

전문가의 견적은 가장 통상적인 테이블이기 때문에 본인의 패턴과는 잘 맞지 않을 수도 있고, 자세히 따져 가다 보면 훨씬 좋은 아이디어가 나와 같은 금액이라도 더 풍족하게 즐길 수 있으니 꼭 따져 볼 것!

생각보다 간단하다. 허니문이라는 기대감만 빼면 딱히 어려울 것은 없다. 친구들이나 혼자 여행을 떠날 때와 준비 과정은 비슷할 것이다. 물론 허니문 장소로 하와이나 몰디브는 너무 좋은 곳이다. 다만, 우리만의 여행지를 찾는 사람들이 더 많아지면 좋겠다는 생각이 든다.

〈우리 방금 결혼했어요〉의 한 장면처럼 각 나라마다 명소를 찾아다니는 것도 즐거울 테지만, 그것 역시 조금 진부하다면 각 나라별 축제 기간을 이용하는 것도 꽤 흥미진진한 허니문이 될 것이다.

관광 명소만 돌고 마는 허니문이라면 차라리 관광 상품에 몸을 맡기는 편이 나을지도 모른다. 하지만 허니문을 좀 더 특별하게 만들고 싶다면 직접 정보를 찾는 노력을 아끼지 말도록. 미지의 여행지를 선택하는 신랑 신부의 여행담을 다양하게 듣게 되길 기대하는 마음에 각 나라별 축제 일정과 간략한 정보를 소개하고자 한다. 허니문 여행지로 가볼만한 곳 중심으로 나누어 설명하도록 하겠다. 북적북적대는 거리로 나와 그곳의 정취를 흠뻑 느껴 보자.

허니문 떠나기 좋은 나라별 축제 Best 9

1 하와이 Hawaii
메리 모나크 축제(4월)

세계 최대의 훌라 축제. 하와이 빅아일랜드에서 열리는 이 축제는 하와이의 전통 춤 훌라의 역사와 예술성을 알리고자 하는 하와이 대표 문화 축제로 나눔과 존중을 강조하는 알로하 정신을 기반으로 하고 있다. 훌라 무료 시연회, 하와이 전통 공예품 전시회, 야외 공연과 연주회 등 다채로운 볼거리를 선사한다. 이 행사의 백미는 다양한 테마의 훌라 콘테스트다. 여성 솔로 '미스 알로하 훌라 콘테스트'와 전통 훌라를 현대적으로 재구성한 경연 대회가 최고의 하이라이트. 입장료는 일인당 US 5달러~10달러로 자세한 사항은 www.merriemonarchfestival.org에서 확인할 수 있다.

2 괌 Guam
성 빈센트 페르 축제(3월) / 성 디마스 축제(4월)

각 마을을 수호하는 성인을 기념하는 행사다. 교회에 모여 미사를 보고, 레드라이스와 코코넛을 이용한 음식을 만들어 먹으면서 파티를 한다. 괌의 특유한 문화를 경험해 볼 수 있는 좋은 기회가 될 것이다. '성 빈센트 페르 축제'는 바리가다 지역에서, '성 디마스 축제'는 메리조 마을에서 열린다. 괌은 1년에 30회 정도의 축제가 열리기 때문에 관심만 있다면 언제든 즐길 수 있다.

3 캐나다 Canada
메이플 축제(3월~4월) / 튤립 축제(5월)

메이플 시럽 병에 캐나다의 상징이 그려져 있을 만큼 메이플로 유명한 나라. 동부 온타리온 주와 퀘벡 주의 메이플 시럽 농장에서는 메이플 수액의 추출 과정을 방문객에게 경험해 볼 수 있게 해 이색적인 추억을 만들 수 있다. 또한 '슈거링 오프'라는 이름의 파티를 준비해 음식을 차려 놓고 방문객을 맞이한다.

캐나다의 수도 오타와에서는 5월이면 튤립 물결이 도시를 에워싼다. 축제의 중심지인 커미셔너 파크에는 30만 송이가 넘는 튤립이 심어져, 축제가 시작되면 공원 일대가 거대한 튤립 꽃밭이 된다. 화훼 디자이너들의 플라워 쇼 튤립익스플로전, 각국의 음악과 전통문화를 소개하는 튤립빌리지, 리도 운하에서 펼쳐지는 튤립보트 퍼레이드 등 다양한 행사가 펼쳐진다.

4 호주 Australia
비비드 시드니(5월~6월)

시드니 최고의 축제. 도시 전체에 빛과 소리의 대향연이 펼쳐진다. 오페라 하우스의 하얗고 둥근 지붕 위로 아름다운 빛의 광선이 덮이고 거리 곳곳마다 환상적인 조명으로 한 폭의 그림을 연상시킨다. 오후 6시부터 오전 12시까지 진행되고 입장료는 무료다.

5 말레이시아 malaysia
컬러 오브 말레이시아(5월~6월)

수도 쿠알라 룸푸르를 비롯한 전국 각지에서는 여러 가지 볼거리가 마련된다. 각 지역 무용단이 펼치는 퍼레이드와 패션쇼 등 다양한 행사가 열리는데, 특히 말레이시아의 다채로운 요리들을 선보이는 치트라라사가 부킷 빈탕 일대와 주요 호텔 등에서 펼쳐져 축제 분위기를 더욱 즐겁게 장식한다.

6 스페인 Spain
라 토마티나(8월)

1944년 토마토값 폭락으로 분노한 농부들이 시의원에게 토마토를 던졌던 것에서 시작되었다. 이 시위로 시민 정신을 고취시켰다는 취지에서 매년 잘 읽은 토마토를 던지며 강렬한 축제를 이어 오고 있다. 수영복과 수영모, 수경을 쓰고  본격적으로 하는 장면은 이미 TV에서 많이 보았을 터. 커플이 나란히 토마토 바캉스를 하는 것도 특별한 추억이 될 듯 하다.

7 영국 England
에딘버러 페스티벌(8월)

공연을 사랑하는 커플이라면 강력 추천. 연극, 무용, 오페라, 오케스트라, 미술 전시, 등불 행렬, 거리 공연 등 매일 500개 넘는 공연이 펼쳐지면서 규모와 수준에 있어 최고를 자랑한다.

다양한 예술의 세계에 심취해 보는 것도 한여름의 허니문을 로맨틱하게 즐기는 특색 있는 방법이 될 것이다.

8 독일 Germany
옥토버페스트(9월~10월)

독일을 대표하는 국민 축제. 1883년 뮌헨의 6대 메이저 맥주 회사가 축제를 후원하면서 1999년의 경우 전 세계에서 680만 명이 축제에 참가해 600만 리터의 맥주와 63만 마리의 닭, 79마리의 소가 소비된 것으로 기록을 세우고 1,000개가 넘는 독일의 맥주 회사가 참가할 정도로 명성이 높다. 독일 국민은 물론 전 세계에서 700만 명이 넘는 관광객이 이 축제를 즐기기 위해 모여들기 때문에 꼭 한 번은 가 봐야 할 명소.

9 일본 Japan
삿포로 화이트일루미네이션(11월~2월)

반짝반짝 밤하늘에 수놓아진 별들의 축제. 오도리공원 거리에서 테마를 정해 빛의 그림이 펼쳐진다. 약 36만 개의 전구가 삿포로 거리를 밝히는데, 그 조형미가 환상적인 장관을 연출한다. 눈이라도 내려 거리를 더욱 밝힌다면 가장 로맨틱한 순간을 경험해 볼 수 있을 듯하다. 발리나 태국의 더운 나라와는 정반대의 매력을 만끽할 수 있는 허니문 장소가 아닐까.

최종병기 활

전통 혼례
A Conventional Wedding

고풍스러운 멋과 의미를 담은
특별한 결혼식

최종병기 활, 2011

외국인과 결혼하는 분들이 종종 전통 혼례에 대해 물어 오곤 한다. 사실 전통 혼례를 재현하는 것은 보통 어려운 일이 아니다. 예부터 결혼을 '인륜지대사(人倫之大事)'라 하지 않았던가. 예식 절차마다 유래와 의미가 담겨 있어 어느 것 하나 소홀히 할 수가 없고, 격식도 중요하기 때문에 웨딩플래너로서도 전통 혼례는 가장 무거운 과제 중 하나이다.

그러나 갈수록 전통 혼례가 급격히 줄어드는 추세고, 외국인과의 결혼식에서 볼 수 있는 이례적인 예식이 되어 가는 것 같은 안타까움이 들기도 한다. 그래서 원고를 준비할 때쯤 한 번은 다뤄 보겠노라 했는데……. 역시 쉽지 않았다. 최근의 사극은 왕실 이야기가 대부분이라 혼례와 연결할

최종병기 활_ 전통 혼례

수 있는 영화를 찾기 힘들기도 했고, 혼례 고유 사상을 짚을 만한 작품도 눈에 띄지 않았다. 그러던 중, 의외의 작품이 나의 눈길을 사로잡았다.

국내 최초 '활'극의 진수를 보여 주었던 액션 사극 〈최종병기 활〉. 서슬이 올라 빠른 속도로 적의 심장을 꿰뚫는 활이 주인공인 영화에 웬 결혼 이야기냐고? 단순히 영화 속 혼례 장면을 인용하려는 이유만은 아니다. 의외로 영화 속 메시지인 가족애와 우리 전통 혼례의 정신을 가장 잘 담고 있는 작품이 이 영화기도 하다.

때는 병자호란이 일어날 무렵의 조선. 남이 도령은 홀로 돌봐 온 누이동생 자인을 그녀의 정인 서군 도령에게 시집보내기로 한다. 사실 남이 도령은 서군 도령이 미덥지 않다. 금쪽같은 여동생을 달라는 녀석에게 어느 오빠가 "오냐, 그래 좋다." 하겠는가.

그 결심을 떠 보려는 듯 남이 도령은 대검 승부를 요청하기까지 한다. 마치 요즘으로 보면 장인이 사위에게 술을 진탕 먹여 보는 시험과도 조금 비슷한 듯하다. 우여곡절 끝에 서군 도령의 진심을 느낀 남이 도령은 드디어 혼인을 받아들인다.

혼인 날 마을에서는 큰 잔치가 열리고, 사당패가 꽹과리와 장구, 북을 울리며 한바탕 신명나게 흥을 돋운다. 여자들은 분주히 음식을 준비하고, 남자들도 바쁘게 오가며 혼례 준비가 한창. 부산한 가운데도 모두 신이 나서 입가에 웃음이 떠나질 않는다.

이 영화를 보면서 우리 혼례 문화에 대해 다시금 고찰하게 되는 장면이 바로 이 장면이 아닐까 한다.

종종 우리나라 결혼식도 외국처럼 활기차게 즐기면 좋겠다고 하는 사람들이 많다. 하지만 사실 우리의 혼례 문화가 외국보다 훨씬 축제 분위기란 사실, 아는 사람이 몇이나 될까?

예부터 마을 혼례가 잡히면 너도나도 팔을 걷고 신랑 신부 수발부터 음식 준비, 혼례 준비를 도왔다고 한다. 당일에는 모두 모여 복이 깃든 맛있는 음식을 먹고 마시면서 밤새 즐기는 것이 우리만의 축하 방법이었다. 특히 마을에 경사가 났음을 알리는 사물패의 가락은 외국의 파티 음악인 로큰롤과는 비교도 안 되게 흥겹고 신이 난다. 요즘에야 축의금 내고 밥만 먹고 일어나는 결혼식이 되어 버린 것이지, 본래 우리의 결혼 문화가 외국보다 뒤처지는 것은 아니다. 특히 혼례 식순을 보면 더욱 즐거운 분위기임을 알 수 있다.

꽃처럼 아리따운 신부 자인과 늠름한 서군 도령. 마주 선 두 사람 주변에는 마을 사람들이 왁자하게 웃고 떠들며 혼례를 지켜본다. 정인을 맞이하는 신랑 신부는 수줍고 설레서인지 연신 미소를 지으며 서로에게 예를 다한다.

서군 도령은 얼마나 좋은지 절을 하고 일어나면서 어리바리하게 상에 머리를 부딪치고, 동네 사람들은 그리 멍청해서 첫날밤이나 치르겠냐며 얄궂게 놀린다. 지체 높으신 대감집 도령께 무엄하다 다그칠 만도 하겠지만, 다 같이 웃고 떠들 수 있는 것이 또 이런 날이지 않겠는가. 양반, 평민 할 것 없이 누구나 한 데 어울려 먹고 마시고 즐기는 더없는 잔칫날이 바로 혼례날인 것이다.

  이 영화의 중심에는 꽃신이 있다. 홀로 돌봐 온 자인을 시집보내는 남이 도령의 애잔한 마음을 담은 정표. 혼례가 시작되기 전 신부 방 마루턱 아래 조용히 준비한 꽃신을 놓고 간다. 긴 세월 서로를 의지해 온 남매 사이에 미처 다하지 못한 말을 담은 듯 그 꽃신의 의미는 깊고도 깊다.
  친정 식구의 마음이 이렇다고 한다. 우리는 보통, 여자는 시집을 '보낸다'고 하는데 그래서인지 요즘도 예식 중 신부측 부모님들의 눈가가 마르지 않는 모습을 자주 보곤 한다. 외국과는 사뭇 다른 우리의 모습. 고리타분하다는 분도 있지만, 어찌 보면 우리의 문화가 아닐까 한다.

  이렇게 고풍스럽고 의미 깊은 예식이 점점 줄어들고 있는 것을 매일 체감하는 웨딩플래너로서는 참 안타까운 일이기도 하다. 그러나 찾아오는 커플마다 강권할 수는 없는 일. 하지만 특별한 나만의 예식을 원하는 분께는 적극적으로 추천하고 싶은 예식 중 하나다.
  물론 이국적인 느낌의 예식과는 전혀 다르지만, 고급스럽고 경건한 예식을 원한다면 절대 후회 없는 선택이 될 듯.

전통 혼례
A Conventional Wedding

판박이 예식이 싫다면

"공장에서 찍어 내는 듯한 결혼은 하기 싫어요."라고 하는 사람들이 많다. 의외로 전통 혼례에 대한 문의는 늘어나고 있지만, 막상 전통 혼례로 결정하는 커플은 별로 없다. 왜 그럴까?

결혼식이라는 것에 대해 보통의 여자들은 어려서부터 판타지가 있기 마련. 그 판타지에 전통 혼례가 있는 여자들이 몇이나 될까. 막상 결혼을 준비할 때 잠깐 호기심을 갖긴 하지만, 결국 그 관심은 아주 잠깐일 뿐이다. 그것은 많은 예비 신부들이 예쁜 공주님이 드레스를 입고 결혼하는 동화책을 어린 나이부터 봐 오며 자랐기 때문이 아닐까 싶다. 결혼에 대한 환상도 어릴 적 동화의 연장선상이기도 하니까.

결혼식, 웨딩 촬영, 웨딩드레스에 대한 로망은 여자 본연의 본능이자 아름다움에 대한 욕구다. 예뻐지고 싶은 마음, 남들보다 조금 더 아름다워 보이고 싶은 마음이 결혼식 자체에 집착하게 하는 것. 그러면 아무래도 거추장스럽게 겹겹이 두르는 한복보다는 웨딩드레스가 더 눈에 들어오지 않겠는가.

단순히 한복이나 전통 혼례복보다 드레스가 예쁘다는 것이 아니다. 그런 비교보다는 이런 점이 있다. 드레스는 내 취향에 맞춰서 여러 가지를 입어 보고, 여러 숍을 다니며 다양한 디자인과 핏, 패턴, 소재 등을 골고루 체험해 보다가 내 몸매와 얼굴에 잘 어울리는 것으로 고를 수 있다. 심지어 숍 간의 경쟁이 심하기도 하거니와 여러 가지 이유로 드레스숍에서 드레스를 다량으로 제작하고 있어 결혼식을 할 때 빌려 입는 드레스 말고, 내 몸에 맞춰서 입을 수도 있다.

그런데 전통 혼례를 치를 때는 어떨까? 시대가 바뀌어 각자의 개성을 존중하다 못해 각자의 개성이 모든 것을 좌우하는 시대가 되었는데도 신부는 '녹의홍상'이라는 관례가 있다. 얼굴 색에 맞춰 한복을 입어야 한다고 하면서도 색의 자유는 주어지지 않는다. 요즘은 녹의홍상이란 틀에 맞추지 않고 신부 본인의 취향과 피부 톤, 신랑과의 조화를 고려해서 자유롭게 맞추기도 하지만 그래도 혼례를 치르게 되면 위에 입는 혼례복은 전통 혼례식장에서 입혀 주는 그것뿐이다. 그 혼례복이 또 좀 큰가. 그것을 위에 뒤집어쓰듯 입으면 신부의 진짜 옷은 전혀 보이지 않는다. 가장 마음에 걸리는 점은 새것이 아니라는 것. 전통 혼례식장에 거의 한두 벌 정도만 갖춰 놓고 있고 몇 년 간 매번 그 옷을 입고 결혼해야 한다는 것이다. 누구나 말이다. 스타일이 중요한 이 시대에 결혼식 때 한 번 짜리를 빌려 입고 신부가 된다는 것에 도무지 마음이 가지 않는 것도 사실이다.

 하지만 오랫동안 웨딩플래너를 해온 나로서는 직업 덕분에 한복을 정말 사랑하게 되었다. 여느 드레스보다도 아름답고, 한국 여성들의 자태를 더욱 우아하고 고급스럽게 만들어 주는 최고의 복장이라고 생각한다.
 〈최종병기 활〉의 문채원이나 〈스캔들〉의 이미숙과 전도연, 〈황진이〉의 송혜교, 〈방자전〉의 조여정이 탁월한 미모로 주목을 받았던 것은 저마다의 캐릭터와 얼굴 생김새, 피부 톤에 맞춰서 그에 딱 어울리는 옷으로 직접 맞춰 입었기 때문이다.
 혼례복의 착용에 대해서 어느 정도 자율만 있어도 한복을 입으려는 사람들이 늘어나지 않을까? 단지 색상만이라도 자유가 주어진다면, 얼굴에 맞는 한복을 입고 결혼하려는 사람들이 조금은 늘 것 같다.
 얼마 전 전통 혼례를 한 신부는 청사초롱의 파란색은 연한 파스텔톤 하늘색으로, 빨간색은 연한 파스텔톤 분홍색으로 만들어 달고 혼례복인 활옷도 파스텔 계열로 변형하여 착용했는데 그 자태가 어찌나 곱던지. 오히려 피로연에 화이트 웨딩드레스를 입고 나와 인사를 하는 모습이 더 자연스럽고 기품 있어 보였다.

결혼식에 하와이 전통 민속 옷을 입고 결혼하는 〈레이첼 결혼하다〉의 레이첼처럼, 〈먹고 기도하고 사랑하라〉의 인도네시아 신부처럼 또는 〈27번의 결혼 리허설〉에서 전통 의상을 멋지게 만들어 입은 여러 신부들처럼 예식을 하면 더 특별하지 않을까?

최근에는 신랑 또는 신부 중 한쪽이 외국인인 경우 전통 혼례를 고집하면서 점점 늘고 있기도 하고, 신랑 신부가 예복을 한복으로 맞춰 예식을 하는 경우도 조금씩 눈에 띄는 추세다. 옛것을 중시하는 예식은 늘지만 사실 그 의미나 식순을 지키는 경우는 드물다. 아니, 그 식순을 다 지키는 것 자체가 굉장한 무리일지 모른다. 그러나 혼례 과정에 깃든 우리 조상들의 뜻은 알아야 할 필수이니, 한번 알아보도록 하자.

혼인홀기(婚姻笏記)의 예(例)

전안례(奠雁禮)

주인영서우문외(主人迎婿于門外)
주인이 문 밖에 나가 신랑을 맞이한다.
↓
서읍양이입(壻揖讓以入)
신랑이 읍하고 들어온다.
↓

시자집안이종(侍者執雁以從)
시자(侍者)가 기러기를 안고 신랑을 자리로 안내한다.
↓
서취석(壻就席)
신랑이 자기 자리로 들어선다.
↓
포안우좌기수(抱雁于左其手)
신랑이 기러기의 머리를 왼쪽으로 두고 안는다.
↓
북향궤(北向跪)
북쪽, 정청(正廳)쪽을 향하여 꿇어 앉는다.
↓
치안우지(置雁于地)
기러기를 소반 위에 올려 놓는다.
↓
면복흥(俛伏興)
허리를 구부린 채 일어난다.
↓
소퇴재배(小退再拜)
약간 뒤로 물러서서 두 번 절한다.

교배례(交拜禮)

서지동석(壻至東席)
신랑이 초례청(醮禮廳) 동편 자리에 들어선다.
↓

최종병기 활_ 전통 혼례

모도부출(姆導婦出)
신랑의 시자(侍者)가 신부를 부축하여 나오는데,
백포(白布)를 깔고 그 위를 밟고 나온다.
↓
서동부서(壻東婦西)
신랑은 동편에, 신부는 서편에서 초례상을 중앙에 두고 마주 선다.
↓
진관진세서관우남부관우북(進灌進洗壻灌于南婦灌于北)
신랑이 손 씻을 물은 남쪽에, 신부가 손 씻을 물은 북쪽에 놓는다.
↓
서부종자옥지(壻婦從者沃之)
신랑 신부는 각각 손을 씻고 수건으로 닦는다.
↓
부선재배(婦先再拜)
신부가 먼저 두 번 절한다.
↓
서답일배(壻答一拜)
답례로 신랑이 한 번 절한다.
↓
부우재배(婦又再拜)
신부가 다시 두 번 절한다.
↓
서우답일배(壻又答一拜)
신랑이 답례로 다시 한 번 절한다.

서읍부각궤좌(壻揖婦各跪坐)
신랑은 신부에게 읍하고 각각 꿇어 앉는다.
↓
시자진찬(侍者進饌)
시자가 술잔을 신랑 신부에게 각각 준다.
↓
시자각침주(侍者各沈酒)
시자가 신랑 신부의 술잔에 술을 따른다.
↓
서읍부제주거효(壻揖婦祭酒擧肴)
신랑은 읍하고 술을 땅에 조금 붓고 안주를 젓가락으로 집어 상 위에 놓는다.
↓
우침주(又沈酒)
시자가 술잔에 다시 술을 붓는다.
↓
서읍부거음부제무효(壻揖婦擧飮不祭無肴)
신랑은 읍하고 술을 마시되 안주는 들지 않는다.
↓
우취근서부지전(又取巹胥婦之前)
표주박과 같은 술잔을 신랑 신부 앞에 놓아 준다.
↓
시자각침주(侍者各沈酒)
시자가 표주박과 같은 술잔에 각각 술을 붓는다.
↓
거배상호서상부하(擧盃相互壻上婦下)
신랑 신부는 표주박과 같은 술잔을 신랑의 잔이 위로,

신부의 잔이 아래로 가게 하여 서로 바꾼다.
↓
각거음부제무효(各擧飮不祭無肴)
신랑 신부는 각기 술을 마시되 안주는 들지 않는다.
↓
예필철상(禮畢撤床)
예를 끝내고 상을 치운다.
↓
각종기소(各從其所)
신랑 신부는 각각 처소로 돌아간다.

　아무래도 한자어로 이루어진 말이라 낯설긴 하다. 단어마다의 뜻을 풀이해 보면, 새신랑 새색시를 축복해 주던 옛 어른들의 깊은 덕망을 느낄 수 있다. 그 뜻을 들여다보자.

♥ 기러기

　혼례식의 전안례 때 신랑은 장모에게 기러기 한 마리를 바치는데, 이것에는 세 가지의 의미가 있다.
　첫째는 영원한 사랑의 약속을 뜻한다. 기러기는 짝을 잃어도 결코 다른 짝을 찾지 않고 홀로 지내는 본능이 있는데 그것을 부부 간의 의리에 빗대는 것. 둘째는 질서와 예를 지키는 모습을 상징하여 부부가 서로에게 예를 다하고 본분을 지키겠다는 의미에서 비롯되었다. 마지막으로 기러기는 흔적을 남기는 습성이 있는데, 그처럼 이생의 흔적을 남기라는 뜻, 즉 후사를 남기라는 의미로 기러기를 바치는 것이다.

♥ 수탉과 암탉(신랑측은 푸른 천으로 싸고, 신부측은 붉은 천으로 싼다)

혼례 때 탁자 위나 아래에 놓여 있는데, 닭과 아침에 관련된 상징이다. 수탉의 울음소리는 결혼 생활을 하루의 시작 같은 밝고 신선한 출발이라는 의미로 해석하고, 또한 혼례날 찾아오는 악귀를 쫓아 부부가 해를 입지 않도록 하는 희망의 뜻을 담고 있다.

또 다른 의미는 전통 농경 사회에서 중시하였던 다산의 희망이다. 암탉이 달걀을 많이 낳는 것처럼 아이를 많이 낳으라는 뜻이다.

♥ 친영(親迎)

전통적으로 혼례식은 신부의 집에서 치러진다. 신랑은 통상 조랑말을 타고, 그의 하객이나 종들은 걸어서 신부의 집 혹은 혼례식장으로 입장했다. 하객들은 축제 분위기를 고조시키기 위하여 신명 나는 타악기로 흥을 돋우며 축하해 주었고, 마을 사람들이 전부 모여 잔치를 벌였다.

♥ 전안례(奠雁禮: 기러기를 드리는 예)

나무 기러기를 든 기럭아비의 인도로 신랑이 신부 집에 들어간다. 이어 기럭아비가 신랑에게 기러기를 주면 신랑은 기러기를 작은 탁자 위에 올

최종병기 활_ 전통 혼례

려 놓고 장모에게 두 번 절한다. 절을 받은 장모는 기러기를 안고 방으로 들어간다.

♥ 교배례(交拜禮)

처음으로 신랑 신부가 서로를 보게 된다. 우선 신랑이 혼례 탁자 동쪽으로 걸어가면, 신부는 서쪽으로 간다. 신랑 신부는 각각 두 명 정도가 도와주며, 신랑을 돕는 사람들이 신랑을 위해 멍석을 깔고 신부를 돕는 사람들도 동일하게 한다.

신랑 신부는 혼례 탁자를 사이에 두고 서로 마주 본다. 신랑 신부를 돕는 사람들이 신랑 신부의 손을 씻겨 주는데, 손을 씻기는 의미는 정갈히 한다는 상징이다. 신부가 먼저 신랑에게 두 번 절하면 신랑이 한 번 절한다. 다시 신부가 신랑에게 두 번 절하고 신랑이 신부에게 한 번 절한다. 무릎을 꿇고 서로 마주 보는 것으로 이 절차는 끝난다. 이 절의 의미는 서로에 대한 허락의 약속이다.

조그만 잔에 술이 따라지면 신랑이 술을 마신다. 다시 신부에게도 술이 한 잔 따라지고 신부는 입술만 축이거나 마시는 척만 한다. 술을 다시 신랑에게 따라 주고 신랑이 재차 마신다. 또다시 신부에게 따르면 입술만 축이거나 마시는 척만 한다. 마지막으로 신랑 신부가 함께 세 번 절한다. 부모에게 한 번, 조상에게 한 번, 하객들에게 한 번.

이로써 혼례가 끝이 나며, 신랑과 신부가 잘 살라는 의미로 지나가는 길에 쌀과 곡물을 뿌려 줌으로써 혼례가 성사되는 것이다.

현대 결혼식에서는 주례라는 것이 있어 지침이 될 만한 덕담을 주례사에게서 듣는데, 전통 혼례에서는 그 좋은 의미가 말이 아닌 상징으로 녹아 있다.

금슬, 화합, 악운 퇴치, 다산, 몸과 마음의 정갈함, 풍요, 서로에 대한 허락……. 더 이상의 좋은 주례사가 필요 없을 듯. 우리 조상들의 지혜로움과 덕망은 참 놀라울 때가 많다. 일반 웨딩홀이나 호텔에서 결혼식을 하더라도 우리 전통 혼례의 식순을 응용해 보면 어떨까. 예를 들어 신랑이 입장할 때 신랑의 친구(신랑의 들러리 즉 베스트맨처럼)가 기러기를 들고 신랑 입장을 이색적으로 장식 한다든가, 식순 중에 깨끗한 물을 준비하여 신랑 신부가 손을 닦으며 우리 전통을 의미해 본다든가, 퇴장할 때 꽃이나 폭죽보다 쌀이나 곡식을 조금 준비하여 뿌려 주는 것은 어떨까? 우리 것을 응용하여 식을 장식한다면 특별한 기억으로 남을 것이다. 특히 하객들에게도 즐거운 기억을 만들어 줄 수 있지 않을까?

전통 혼례
A Conventional Wedding

고풍스러운 추억 만들기

전통 혼례를 하고 싶다는 분들의 문의가 꽤 심심찮게 들어온다. 그때의 경험을 살려 알기 쉽게 정리해 보려 한다. 또는 앞서 말한 것처럼 예식에 응용을 하는 방법도 함께.

우선 전통 혼례를 하고 싶을 경우, 식장을 찾아야 하는데 아무래도 가능한 장소가 그리 많지는 않다.

대표적인 장소는 다음과 같다.

전통 혼례 식장 알아보기

남산골 한옥마을

　서울 중구 필동에 위치한 남산골 한옥마을에서 전통 혼례를 지원하고 있다. 해당 관리 사무소에서 상담을 한 후에 접수를 할 수 있고, 전화 상담도 가능하니 접근이 용이하다. 명시된 금액은 약 80만 원 정도로 신랑 신부 측 예복 대여, 혼례 물품 등은 제공하나 미용과 사진 촬영, 폐백은 별도로 준비해야 한다.

찾아 가는 길: 지하철 3, 4호선 충무로역 하차. 3, 4번 출구로 나와 동국대 충무로 영상센터와 매일경제신문사 사잇길로 150m
홈페이지: www.hanokmaeul.seoul.go.kr
연락처: 02-2266-6923~4

잠실 민속박물관

　잠실 민속박물관은 우리가 잘 알고 있는 롯데월드 안에 위치해 있다. 옛 격식을 재현해 내는 것을 중요하게 여겨 고품격 실내 장식이나 정갈한 상차림에 성의를 더한 곳으로 평이 좋다. 혼례 준비부터 의상 대여, 축가, 초례청 상차림, 폐백식 이용까지 약 140만 원 정도의 비용이 든다.

찾아 가는 길: 지하철 2, 8호선 잠실역 하차. 롯데월드 민속박물관 3층 전통 혼례장
홈페이지: www.lotteworld.com/wedding
연락처: 02-411-3703

삼청각

자연에 둘러싸인 삼청각의 멋스러운 경관과 전통 한옥의 운치를 살린 차별화된 예식을 자랑한다. 야외에서 하는 예식의 장점과 함께 호젓한 분위기가 장점이 되는 곳.

신랑 신부 예복 대여와 상차림, 식장 연출 등의 기본 혼례식과 삼현육각(피리, 대금, 해금, 북, 장구로 편성되는 고전 음악)을 포함하여 약 300만 원 정도로 구성되며 야외 이용 시에 부대 비용으로 약 50만 원이 추가된다.

찾아 가는 길: 서울시 성북구 대사관로 3(네비게이션을 이용)
홈페이지: www.samcheonggak.or.kr
연락처: 02-765-3700

락고재

130년의 역사를 지닌 한옥을 개조하여 만든 전통 문화 공간이다. 게스트하우스가 기본이라 혼례를 하려면 모든 물품과 도움을 주는 인원은 신랑 신부 측에서 준비를 해야만 한다.

인원은 50명~60명 정도가 수용이 가능하고, 하객의 식사만 준비해 주는 형식이다. 하객 식사 비용은 1인 기준 7만 원으로 한식 뷔페로 이루어진다.

찾아 가는 길: 서울 종로구 계동 98(네비게이션을 이용)
홈페이지: www.rkj.co.kr
연락처: 02-742-3410

위의 장소를 찾아서 직접 예약을 하면 되는데, 이때부터 웨딩플래너에게 예식 장소 섭외부터 부탁을 하면 쉽게 진행될 수 있다. 전문 전통 혼례 식장에서는 보통 이미 예식에 대한 모든 준비가 세팅이 되어 있기 때문에 그대로 따르면서 이용하면 된다.

정통 식순대로 따르는 것이 부담스러워 전통의상만 입고 보통 결혼식대로 진행하길 원한다면, 한복은 맞춰 입더라도 한복 위에 입어야 하는 혼례복들은 갖춰진 것이 없을 터. 일단 한복집에서 결혼식 때 활옷 대여가 가능한지 미리 체크하고 한복을 맞추는 것도 나중을 위해 편리한 노하우 중 하나다. 한복집마다 활옷을 보유해 놓고 있기는 하지만 상태가 어떨지는 꼭 체크해 봐야 할 사항이므로 한복을 맞추기 전에 활옷의 컨디션을 하나씩 손으로 짚어 가며 꼼꼼히 확인해 볼 것. 이런 경우도 의상만 입으면 되니까 그리 어려울 것이 없다.

한편, 식순에 전통적인 의식을 응용하고 싶다면 우선 전통 혼례의 식순을 자세히 알아보고 맘에 드는 부분을 발췌하여 응용하면 꽤 고상하고 의미 있는 결혼식이 될 것이다. 웨딩플래너로서 몇 가지 추천을 해 보자면 다음과 같다.

하나, 신랑 친구가 기럭아범의 역할로 기러기를 들고 입장하고 그 뒤를
따라 신랑 입장하기
둘, 신랑이 기러기를 장모께 전달하고 절 올리기
셋, 신랑 신부가 맑은 물에 손 닦기(작고 예쁜 물그릇인 핑거보울을 활용)
넷, 예식홀의 여러 문을 통해 삼현육각과 같은 멋스러운 고전 악기 연주
자들이 등장하면서 이색적인 축하 연주로 꾸미기
다섯, 샹들리에 대신 우리의 전통 등불 달기 또는 버진로드 대신 청사초
롱 달기

이런 식으로 전통 혼례의 의미를 살리는 결혼식을 하면 하객들도 이목이 집중되고 좀 더 특별한 결혼식을 할 수 있다. 이런 전통 혼례(식순을 활용하든 의상을 활용하든)는 하우스웨딩이나 교외의 장소에서 하는 결혼식 등에 더 잘 어울린다. 장소 자체가 오픈되어 있는 경우가 우리 전통 혼례를 더욱 빛낼 수 있기 때문이다.

원래 진짜 멋쟁이는 믹스 앤 매치에 강한 법이라지 않던가. 틀에 박힌 고지식한 생각에서 벗어나서 나만의 특별한 결혼식을 위해 조금 더 고민해 보고 시도해 보는 것도 좋겠다.

최종병기 활_ 전통 혼례

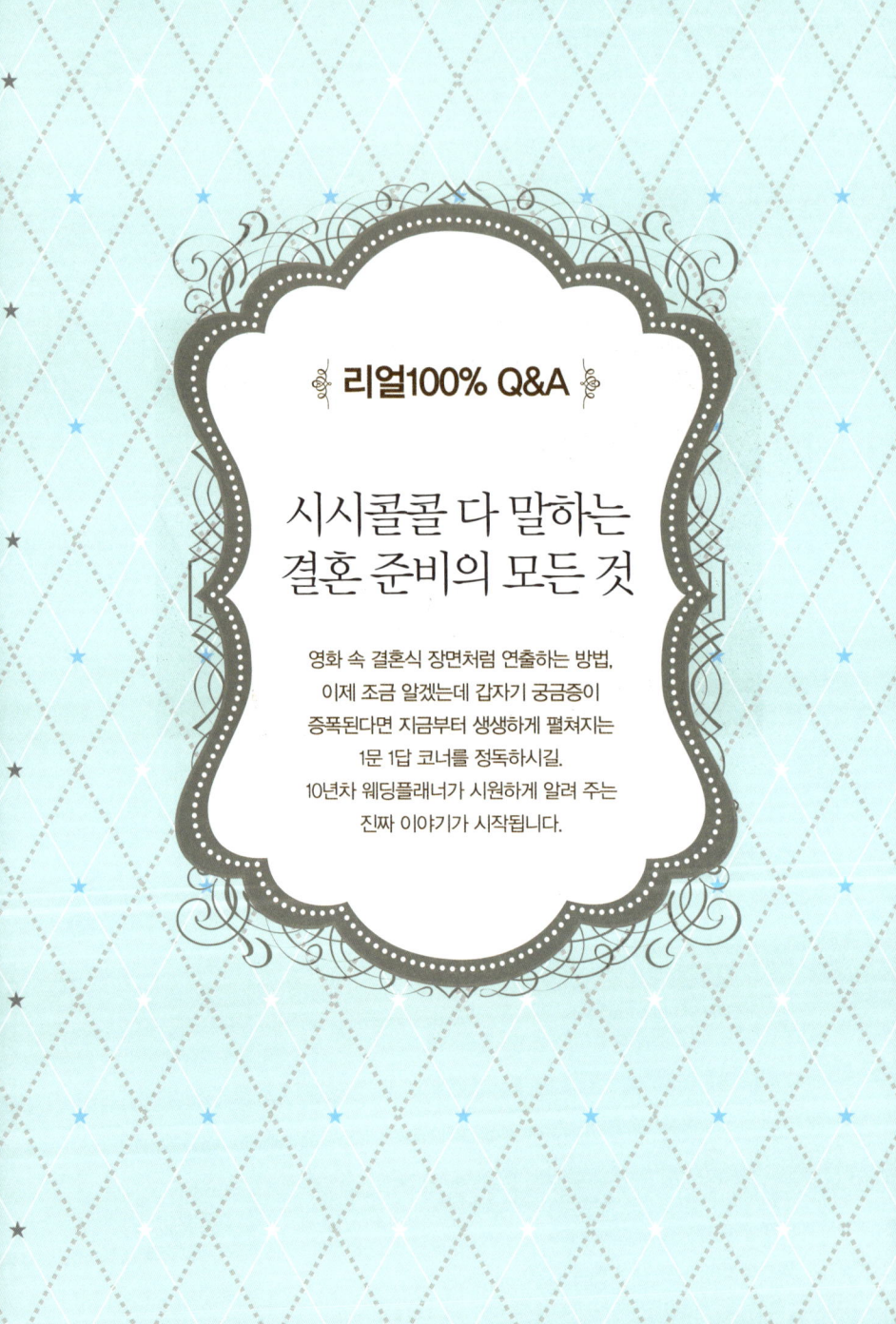

리얼100% Q&A

시시콜콜 다 말하는
결혼 준비의 모든 것

영화 속 결혼식 장면처럼 연출하는 방법, 이제 조금 알겠는데 갑자기 궁금증이 증폭된다면 지금부터 생생하게 펼쳐지는 1문 1답 코너를 정독하시길. 10년차 웨딩플래너가 시원하게 알려 주는 진짜 이야기가 시작됩니다.

Q1 셀프웨딩과 웨딩패키지는 어떤 차이가 있나요?

웨딩패키지란 결혼식과 웨딩촬영을 할 때 필요한 사진, 드레스, 메이크업을 총 망라해서 얘기하는 것이고 보통 웨딩컨설팅업체에서 마음에 드는 업체들을 선정하여 고르고 진행하는 방식이에요. 셀프웨딩이란 것은 웨딩컨설팅업체, 또 웨딩플래너는 통하지 않고 직접 알아봐서 각기 다른 방식으로 웨딩촬영을 하고 결혼식을 치루는 것을 말합니다.

보통 섞어서 하는 방식을 많이 하는데요, 결혼식에 입는 드레스와 메이크업 등은 웨딩플래너의 도움을 받고 웨딩촬영은 프리랜서 포토그래퍼와 가까운 펜션 또는 예쁜 카페에서 사진을 찍는 경우들이 많아졌어요.

권하고 싶은 것은 특이하게 하려다가 이도저도 아니게 되는 경우가 많기 때문에 본식은 웨딩플래너와 함께하는 것을 원칙으로 하시고 기타 촬영 등의 것은 원하는 분위기에 맞게 따로 해 보시는 것입니다.

Q2 조금 저렴하게 웨딩드레스를 빌릴 수 있는 곳은 없을까요?

웨딩드레스와 스튜디오, 메이크업을 묶어서 하기 때문에 아주 저렴하게 가격이 책정되어 있다고 할 수 있습니다. 그래서 드레스만 따로 더 저렴하게 하는 곳을 찾기는 어려워요. 만약 드레스만 하는 곳을 찾으셨다 하더라도 패키지 금액과 별반 차이가 없어요.

컨설팅 업체를 통해서 드레스를 빌릴 때 200만 원대 초반에서도 결혼식과 웨딩촬영을 다 할 수 있는데 여기에 사진, 드레스, 메이크업이 다 들어가 있고 웨딩촬영 때는 드레스 3, 4벌과 일체의 액세서리, 소품 등을 다 대여해 주는 것이니 같은 가격이면 패키지가 훨씬 좋은 조건일 거예요.

Q3 정말 특이한 웨딩드레스를 입고 싶은데, 추천해 주세요!

그 전에 먼저 이런 고민을 해 보시길 권하고 싶어요. 특이한 것과 특별한 것의 차이. 특이하게 하기는 쉽죠. 결혼식 때 파랑색 드레스를 입는 다거나. 디자인이 특이하지 않으면서 특별하게 하기는 어렵지만 더 노력해 볼만 합니다.

대표적으로 강혜정을 보면 전통적으로 있었던 벨라인의 튜브톱 드레스여서 드레스 자체의 특이함은 없지만, 소품과 헤어스타일 등 전체적으로 일괄적인 스타일링을 통해 아주 특별한 신부가 되었지요. 여중생 같은 아주 베이직한 단발머리에 화장도 튀게 하지 않았어요. 그렇지만 전체적으로 '인형같이 로맨틱한'이라는 콘셉트에 위배되지 않게 스타일링해서 모두의 칭송을 받았던 것 같아요.

여러분들도 이처럼 특별한 신부가 될 것을 권해 드려요. 그러려면 지금부터 '나'의 체형과 장점을 아주 냉철하고 정확하게 알아야 돼요. 내 어깨 모양, 팔 길이, 목 길이 등을 감정적으로 말고 이성적으로 남들과 비교해서 체크해 보시길. 그리고 스트레칭과 요가 등을 하면서 보디라인을 만들면 좋겠죠! 날씬한 몸에는 목 늘어난 무지 티셔츠도 고가의 빈티지 패션처럼 멋져 보인다는 것을 기억하세요.

Q4 꼭 스드메를 묶어서 해야 하나요?

아니요, 그렇지 않아요. 한 분야에 훌륭한 지인을 두어서 그렇게 진행해야 한다면 얼마든지 부분별로 진행할 수 있어요. 보통 사진을 많이 빼시고, 다음으로는 컨설팅 업체에 없는 드레스숍을 이용하시고 싶을 때 등 모두 따로 진행이 가능합니다.

Q5 헤어나 메이크업을 혼자 할 수 있는 방법은 없을까요?

'중도 제 머리는 못 깎는다'라는 말이 있지요. 요새 업체들 너무 잘해요. 메이크업 컴플레인이 현저히 줄어들었답니다. 그러니 결혼 관련 메이크업을 해야 하는 행사가 10개 이상 있는 게 아니라면 모험하지 말라고 말씀드리고 싶네요.

다만, 전문가가 알아서 해 줄 거라는 생각보다는 내가 하고 싶은 게 어떤 건지 잡지 등을 보면서 연구해 보는 노력은 필요하답니다. 경력이 오래되고 노련한, 또 스타일링을 잘해 줄 수 있고 감각 있는(그리고 신부님의 취향을 존중할 줄 아는) 웨딩플래너를 잘 만나시는 게 꼭 필요해요.

Q6 머리 길이가 너무 짧아서 웨딩드레스랑 안 어울릴까봐 걱정이에요!

위에도 잠깐 나온 강혜정 씨 스타일처럼 단발머리에도 자연스럽고 여성스러운 스타일을 많이 합니다. 짧아도 걱정마세요. 다만, 그럴 경우 구태의연한 웨딩 헤어만을 고집하지 않는 열린 스타일링을 잘하는 숍을 가시는 게 중요해요. 웨딩플래너와 상의해서 선택하시고 그 숍의 단발머리 신부님들 자료를 요청해서 확인해 보세요.

Q7 중저가 주얼리 브랜드나 보석 도매상 같은 데는 저렴한가요?

요샌 인터넷 때문에 사실 견적은 무한 오픈되어 있습니다. 그래서 큰 업체, 유명한 업체에 갔을 때와 작은 업체 도매상을 갔을 때의 견적 차이가 아주 크지는 않아요. 여기서 중요한 점은 그냥 액세서리 말고 평생 소장할 주얼리는 처음 구입하신다는 것이죠. 그러니 감각이 있을 리 만무해요.
예산이 많지 않으시다면 품목을 줄이고 하나만 열심히 알아봐서 좋은 것을 선택하시는 게 좋아요. 이를 테면, 예물 반지에만 집중해서 다이아의 캐럿을 높이고 디자인을 신중하게 선택하거나, 밴드의 퀄리티에 집중해서 진짜 가치 있는 반지를 구입하는 것이죠. 300만 원으로 세트를 할 수도 있지만(심지어 두 세트도 가능), 진짜 가치 있는 반지 하나를 구입하는 게 어찌 보면 남는 장사일 수 있어요. 도매상이나 저렴한 상가 집중 지역에 가셔서는 좋은 퀄리티 자체를 보실 수 없으니 그 점도 고려하셔서 준비하시는 게 좋습니다. 양보다는 질이죠.

Q8 결혼식을 앞두고 다이어트를 하고 있는데, 어느 부위를 집중적으로 관리해야 웨딩드레스를 입을 때 예쁠까요?

드레스를 입을 때 중요한 부분은 사실 전신입니다. 당연한 얘기겠지만요. 다만 신부님들이 생각하는 것과는 좀 다릅니다. 남자는 각각의 근육을 키우려고 노력하고 신체의 아름다움을 볼 때 그런 부분을 기준으로 보지만, 여자는 드레스를 입을 때라면 특히 라인을 중요하게 봅니다. 어깨, 팔뚝, 허리, 이런 것보다는 어깨에서 팔로 떨어지는 라인, 허리에서 골반으로 떨어지는 라인, 목에서 어깨로 흐르는 라인 등 이런 부분들이 진짜 중요해요.
그 중에서도 허리에서 골반으로 떨어지는 라인은 정말 중요합니다. 그러니 웨이트 트레이닝과 요가, 필라테스, 아니면 스트레칭이라도 꾸준히 해서 라인을 잡아 둘수록 좋아요. 저는 신부님들께 작은 무게의 덤벨을 하나 구입한 후, 포털 사이트에서 옆구리 살 빼는 법 등을 검색해 운동하시라고 말씀드리곤 한답니다.

Q9 결혼할 남자 친구의 외모 관리 노하우가 있나요?

첫 번째로 마인드 관리! 결혼식 때 신랑이 멋있으면 왜 나뿐만 아니라 부모님들까지 모두가 더 행복해지는지에 대해서 자세히 말씀해 주세요. 여기에 피부 관리와 웨이트 트레이닝까지 하시면 더욱 좋겠죠?

Q10 예식을 비수기에 하면 혜택이 더 많나요?

네! 물론입니다. 예식장은 공산품처럼 정가가 정해져 있는 게 아니기 때문에 성수기 중에서도 토요일 점심과 일요일 저녁은 가격 차이가 날 수 밖에 없습니다. 비수기에 하면 결혼식장 비용에서 많은 할인을 받을 수 있어요.

Q11 예식장은 언제부터 예약을 해야 하나요?

요새 서울에서 강남, 서초 등 인기 있는 예식장의 토요일 점심시간을 예약하려면 8개월 이상 전에 예약해야 안전합니다.

Q12 지불보증 인원이 뭔가요? 모든 예식장마다 정해져 있나요?

네. 모든 예식장에 정해져 있지만 계절, 시간대, 하객 수 등에 따라 조금씩 달라질 수 있어요. 지불보증 인원이라는 것은 결혼식에 오실 하객들의 지불을 보증할 테니 미리 그 인원수에 맞게 음식을 조리하라는 것이기 때문에 200명을 보증했는데 150명만 오더라도 200명 분의 비용을 지불해야 한다는 말입니다.

Q13 하객 음식은 뷔페와 한식 중에 어떤 것이 더 좋을까요? 미리 시식해 볼 수 없을까요?

취향대로 선택하시면 되겠습니다. 요새는 뷔페라도 한식이 많이 포함되어 있고 즉석요리가 많아서 좋아하시고, 한식 같은 경우에도 세미뷔페와 함께 먹을 수 있는 경우가 많기 때문에 좋습니다. 시식은 계약 후에 가능합니다.

Q14 먹지도 않는 이바지 음식, 꼭 해야 하나요? 대치할 수 있는 것은 없나요?

먹지도 않는 음식 말고 먹을 수 있는, 아니 없어서 못 먹는 음식으로 하게 되면 좋으실 것 같아요. 금액은 과일 바구니가 20~30만 원대부터 시작해서 150만 원 정도까지 다양합니다. 보통 한우 갈비, 과일 등을 많이 하세요. 겉치레라고 생각해서 생략하는 경우가 점점 많아지고 있기는 해요. 시어머님과 잘 상의해 보시고 결정하면 좋겠습니다.

Q15 메이크업숍이나 스튜디오의 경우 직급이 높은 분들이 실제로 잘하나요?

그런 경우도 있고 그렇지 않은 경우도 있습니다. 직급이 높은 만큼 유명한 분이셔서 웨딩 쪽 작업보다 광고 등의 작업을 더 많이 하실 경우에는 오히려 현재 한창 웨딩 쪽에서 활동하는 한 단계 낮은 분들이 더 만족도를 끌어낼 수가 있어요. 직급보다는 해 주시는 분의 실력이 어떠한지가 더 중요하니까요.

Q16 들러리 촬영을 하고 싶은데 가능한가요?

친구들 드레스까지 추가로 대여하고 헤어, 메이크업까지 풀 세팅해 주실 수 있다면 예쁜 이미지가 나올 수 있어요. 그러나 드레스만 입혀 주고 헤어와 메이크업을 본인이 하고 오면 언밸런스한 모습에 오히려 안 예쁠 수도 있어요.

드레스 추가 대여에 헤어, 메이크업까지 완벽히 하려면 돈이 꽤 들기는 합니다. 최소 30만 원 이상. 그리고 드레스 입고 들러리 컷을 찍는 것만으로도 추가 비용이 들기 때문에 비용 대비 만족을 끄집어내기 어려울 수도 있어요. 마지막 기념 촬영은 다 찍어 주시니까 친구들에게 옷 색깔 정도만 맞추라고 해서 다함께 자연스러운 캐주얼룩으로 찍는 것도 매우 예쁘답니다.

Q17 허니문은 언제 예약해야 되나요?

지역에 따라 편차가 큽니다. 예식 날짜가 결정되면 어디로 언제 갈지 생각해 보세요. 만약에 그 지역이 하와이, 몰디브, 발리라면 항공부터라도 예약해 두는 게 좋아요.

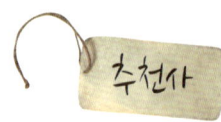

상담을 요청해 오는 신부님들께서 자주 이렇게 묻곤 한다.
"제가 좋아하는 영화가 있는데, 그 장면처럼 결혼식 하려면 어떻게 해야 해요?"

일생 단 한 번의 결혼식을 남들과는 다르게 하고 싶은 마음은 누구나 다 같은 듯하다. 하지만 영화는 영화일 뿐이겠죠 하며 곧 포기하고 패키지 결혼식을 다시 물어 온다. 한편으로 안타까운 마음도 들지만, 기쁘게 할 수 있다고 선뜻 말해 주기가 어려운 게 사실이다. 물론 실제로 재현하는 방법에 대해서 잘 알고 있어도, 너무나 잘 알기에 신랑 신부가 겪을 번거로움과 문제점을 모른 채 할 수 없기 때문이다.

그런데, 어느 날 정주희 웨딩플래너가 영화 속 결혼식을 실제로 재현할 수 있는 책을 집필 중이란 말을 들었을 때, 나는 무릎을 탁 치고 말았다. 그래, 책이라면 가능할지도 모른다!

영화학을 전공한 주희 씨라면 어떤 웨딩플래너보다도 복잡하고 까다로운 영화 속 결혼 과정을 재미있고 쉽게 풀어낼 것이라는 기대감이 들었다. 종종 쓰고 있는 원고를 보여 달라고 하며 개인적으로도 호기심이 강하게 일었던 책이다.

낮에는 최고의 결혼식을 디렉팅하는 플래너로, 밤에는 최고의 책을 집필하는 저자로 열정을 불태우는 주희 씨를 보니 대견하면서도 오래 전 나의 옛 모습이 떠올랐다. 15년 전 '드레스 입은 남자'로 웨딩 업계에 첫발을 들일 무렵 늘 '최초'라는 타이틀을 받으며 끊임없이 경주하던 그 시절의 초심을 되새기는 계기도 되었다.

참 재미있는 책이다. 이런 책이 실제로 나오다니. 신부들의 꿈을 실현시켜 주는 마법 같은 책. 많은 신부들이 이 책을 펼쳐 보며 즐거운 미소를 머금고 한 장 한 장 넘기는 모습이 눈에 선하다.

부디 이 책을 보며 아름다운 신부들이 더 아름다운 꿈을 꾸길 바란다. 그리고 영화보다 더 영화 같은 단 하나뿐인 결혼식의 주인공이 되기를 소망한다.

드남웨딩 남용희 대표

단촐하든, 화려하든, 검소하든, 사치스럽든 결혼식이란 것은 낭만이 있어야 하고 주인공은 두 사람이어야 하지만 대부분 현실은 우리가 늘 보아오던 20분 남짓의 초고속 행사다.

그 누가 처음부터 천편일률적인 결혼식을 원하겠는가? 다만 현실이 우리를 우리가 늘 보아왔던 20분 남짓의 초고속 행사로 밀어 넣을 뿐.

이 책은 영화 같은 결혼식을 꿈꾸고 용감하게 실천하려는 이들에게 아주 구체적인 도움을 줄 뿐만 아니라 사랑에 관해 꽤 진지한 생각마저 들게 하는, 심지어 발칙하기까지 한 책이다.

'결혼은 어른들만 하는 것이다'라든지 '결혼도 시험 보고 해야 한다'라며 '결혼'이란 것을 남의 일로 여기며 살아온 나 같은 키덜트 조차 잠시 결혼을 생각하는…….

영화 속 결혼식 명장면을 소개하고, 이 대한민국 땅에서도 실현할 수 있는 아주 구체적인 도움을 주는 정보가 담겨 있다. 웨딩플래너가 쓴 책인데, 이건 좀 반칙 아닌가 싶을 정도로. 왠지 이 책 덕분에 앞으로 대한민국의 결혼식이 좀 더 낭만적으로 바뀌지 않을까하는 생각이 들기도 한다.

영화 〈써니〉, 〈과속스캔들〉 감독 강형철

이 책에 도움을 주신 업체에 감사드립니다.

a-NOTE www.a-note.co.kr

웨딩 리허설 촬영 스튜디오 '달빛스쿠터'의 본식 스냅 전문 브랜드를 론칭한 것으로 감성적이고 독특한 연출력을 자랑한다.
문의 070-4249-9486
주소 서울 강남구 논현2동 102-25

A. by BOM www.abybom.com

맑고 싱그러운 신부로 탄생시켜주는 에이바이봄. 화사하고 청명한 피부 표현과 깔끔한 메이크업으로 신부들에게 잇플레이스로 떠오르는 숍이다. 배우 이연희, 박보영, 조여정, 최다니엘, 이서진부터 슈퍼주니어, 정준하, 나경은 아나운서까지 다양한 스타들을 케어하는 전문 숍으로도 유명하다.
문의 02-516-8765
주소 서울 강남구 청담동 91-4

Wedding in the movie

영화 속 주인공처럼 특별한 나의 결혼

웨딩 인 더 무비
Wedding in the movie

초판 1쇄 인쇄 2012년 5월 19일
초판 1쇄 발행 2012년 5월 22일

지은이 | 정주희

펴낸이 | 박준자
책임편집 | 이한아
교정교열 | 박지혜
마케팅 | 전연교

디자인 | Design Eve 02-777-5058
일러스트 | 김민지 blueszonked@naver.com
사진 | A-note www.a-note.co.kr
제작 | 정민인쇄 031-923-1400

발행처 | (주)케이앤피북스
브랜드 | 소란
등록번호 | 제300-2011-120호
　　　　ⓒ케이앤피북스(2012)

주소 | 서울시 종로구 청운동 114-1 백악빌딩 4F
문의 | 02-737-5252
팩스 | 02-359-5885
전자우편 | knpbooks@knpbooks.co.kr
홈페이지 | www.knpbooks.co.kr
ISBN 978-89-6420-048-3 (03300)

* 소란은 (주)케이앤피북스의 단행본 브랜드입니다.